Jürgen Wagner

Kinder-
freundschaften

Wie sie entstehen – was sie bedeuten

Springer-Verlag
Berlin Heidelberg New York
London Paris Tokyo
Hong Kong Barcelona
Budapest

Mit 13 Abbildungen, davon 12 in Farbe

ISBN-13: 978-3-540-57894-9   e-ISBN-13: 978-3-642-78926-7
DOI: 10.1007/978-3-642-78926-7

Springer-Verlag Berlin Heidelberg New York

Dieses Werk ist urheberrechtlich geschützt. Die dadurch begründeten Rechte, insbesondere die der Übersetzung, des Nachdrucks, des Vortrags, der Entnahme von Abbildungen und Tabellen, der Funksendung, der Mikroverfilmung oder der Vervielfältigung auf anderen Wegen und der Speicherung in Datenverarbeitungsanlagen, bleiben, auch bei nur auszugsweiser Verwertung, vorbehalten. Eine Vervielfältigung dieses Werkes oder von Teilen diese Werkes ist auch im Einzelfall nur in den Grenzen der gesetzlichen Bestimmungen des Urheberrechtsgesetzes der Bundesrepublik Deutschland vom 9. September 1965 in der jeweils geltenden Fassung zulässig. Sie ist grundsätzlich vergütungspflichtig. Zuwiderhandlungen unterliegen den Strafbestimmungen des Urheberrechtsgesetzes.

© Springer-Verlag Berlin Heidelberg 1994

Redaktion: Ilse Wittig, Heidelberg
Umschlaggestaltung: Bayerl & Ost, Frankfurt
Herstellung und Innengestaltung: Andreas Gösling, Heidelberg
Satz: Datenkonvertierung durch Springer-Verlag

67/3130 – 5 4 3 2 1 0 – Gedruckt auf säurefreiem Papier

Inhaltsverzeichnis

1 Warum Kinder Freunde brauchen 1

2 Was verstehen Kinder unter Freundschaft? 16
Wie Kinder Freundschaft erklären 16
Der Freundschaftsbegriff
im Laufe der kindlichen Entwicklung 22
Welche Faktoren beeinflussen
das Freundschaftsverständnis? 30
Freundschaftsverständnis und Verhalten 33
Zusammenfassung 37

3 Soziale Beziehungen in Kleinkindalter ... 38

**4 Nach welchen Merkmalen
suchen Kinder ihre Freunde aus?** 44
Sind sich Freunde ähnlich? 45
»Filter« bei der Auswahl möglicher Freunde 53
Zusammenfassung 57

**5 Was erleichtert Kindern
den Zugang zu anderen?** 58
Individuelle Voraussetzung zur Entstehung
von Freundschaften 58
Zusammenfassung 63

6 Umwelt und Freundschaft 64
Nachbarschaft und Schule 64
Eltern, Lehrer, Gleichaltrige 67
Räumlichkeiten und Spielzeug 70
Zusammenfassung 72

7 Neulinge in Kindergarten und Schule .. 74
Wie verhalten sich Kinder in einer für sie
neuen und fremden Situation? 75
Eintritt in den Kindergarten 75
Schulanfang 80
Individuelle Unterschiede zwischen Kindern .. 84
Zusammenfassung 86

8 Annäherungsversuche unter Kindern .. 88
Wie nehmen Kindergartenkinder Kontakt auf? 89
Kontaktaufnahmen im Schulalter 98
Zusammenfassung 105

9 Freunde und Nicht-Freunde 107
Verhalten unter Freunden
und Nicht-Freunden 110
Was wissen Freunde voneinander? 118
Konflikte unter Freunden 122
Zusammenfassung 131

10 Jungen- und Mädchenfreundschaften 133
Intimität 134
Intensität 140
Extensität 141
Exklusivität 143
Zusammenfassung 144

**11 Dauer und Beendigung
von Freundschaften** 146
Zusammenfassung 154

12 Empfehlungen für Eltern 155
Falsche Freunde 155
Häufiger Wechsel von Freunden 158
Mein Kind ist ein Einzelgänger 160
Mein Kind ist ständig bei seinen Freunden 162
Unser Kind hat zuwenig Freunde 163
Mein Kind hat nur jüngere Freunde 164
Der beste Freund unseres Sohnes
ist ein Mädchen 165
Der beste Freund zieht weg 166

Literatur 169

Vorwort

Über Freundschaft ist viel geschrieben worden und wird (wieder) viel geschrieben. Vor allem in Kinder- und Jugendbüchern finden sich Freundschaftsbeschreibungen, die Erwartungen an Verhalten und Gefühle von Freunden indirekt erkennen lassen oder ganz deutlich formulieren.

Freundschaft ist in diesem Jahrhundert aber auch zunehmend Gegenstand wissenschaftlicher Forschung geworden: Soziologie, Ethnologie, Psychologie und Psychiatrie befassen sich mit ihr.

Das vorliegende Buch ist eine Darstellung von Kinderfreundschaft aus psychologischer Sicht. Es beruht auf Untersuchungsergebnissen, die vor allem in den vergangenen eineinhalb Jahrzehnten gewonnen wurden, seit die Psychologie sich nach langer Pause wieder verstärkt diesem Thema zugewandt hat. Dabei mußte der Eindruck entstehen, daß mehr zu untersuchen bleibt, als an gefestigtem Wissen vorhanden ist, und daß ein Teil dieses Wissens auch schon aus dem Alltag bekannt ist. Der Zweck dieses Buches ist erfüllt, wenn es den an Kinderfreundschaften interessierten Leser zum Nachdenken über die Freundschaften der eigenen und fremder Kinder veranlaßt und ihn über Freundschaft in einer Welt nachsinnen läßt, in der sie anscheinend eine immer kleinere Rolle spielt (Tenbruck 1964).

Jürgen Wagner

1 Warum Kinder Freunde brauchen

Das Erlebnis von Freundschaft gehört zu jenen unvergeßlich-beglückenden Erfahrungen, die die meisten von uns in ihrer Kindheit und vielleicht nur in ihrer Kindheit gemacht haben. Wem dies nicht vergönnt war, der konnte zumindest Freundschaften zwischen anderen Kindern beobachten oder sie, sozusagen aus zweiter Hand, aus Büchern erfahren.

Freundschaft ist daher für uns eine aus dem alltäglichen Leben vertraute Form zwischenmenschlicher Beziehung, die in allen Lebensaltern, allen sozialen Schichten, bei Jungen und Mädchen, Männern und Frauen vorkommt. Sie ist – nicht nur in unserem Kulturkreis (Fine 1981) – etwas so Selbstverständliches, daß man nur selten darüber nachdenkt, was sie für unser Leben bedeutet, worin sie sich von anderen Beziehungsformen unterscheidet, wie sie entsteht und verläuft, abbricht, wieder aufgenommen wird und endet. Am ehesten beginnen wir darüber beim Verlust eines Freundes nachzusinnen: bei der Aufkündigung einer Freundschaft oder beim Tod eines guten Freundes.

In Philosophie und Literatur ist Freundschaft bereits seit der Antike Thema von Erzählungen und Erörterungen, wenn auch oft in idealisierender Weise. Homer etwa berichtet von der Freundschaft zwischen Achill und

Patroklos; Aristoteles nimmt eine erste Unterscheidung zwischen verschiedenen Arten von Freundschaft vor (Kon 1979; Scherm 1976). Diese frühen Darstellungen und Auseinandersetzungen sollen uns hier nicht weiter beschäftigen, vor allem deshalb, weil bis in unser Jahrhundert hinein bestimmte Auffassungen von Freundschaft tradiert wurden, die den Blick für eine unvoreingenommene psychologische Betrachtung verstellen: Freundschaft, so wurde behauptet, sei nur möglich unter Männern, nicht aber unter Frauen, und schon gar nicht zwischen Angehörigen verschiedener Geschlechter (da sexuelle Attraktivität dem Freundschaftsverhältnis abträglich sei); sie sei eine Beziehung zwischen Gleichen, die nicht oder nicht eng miteinander verwandt sind, und zwischen (ungefähr) Gleichaltrigen (Reisman 1979).

Diese Ansichten haben sich bis zum Beginn unseres Jahrhunderts dahingehend gelockert, daß man sowohl Jungen als auch Mädchen schon mit Beginn der Pubertät zur Bildung echter Freundschaften imstande sah und nicht mehr nur zum kameradschaftlichen Umgang miteinander, wie er aufgrund der Einbindung in eine Gruppe entsteht. Zugleich werden jedoch derartige Jugendfreundschaften nicht als eigenständige Phänomene angesehen, sondern als mehr oder minder gelungene Annäherungen an Erwachsenenfreundschaften. So schreibt Schirber noch 1937, daß Freundschaftserlebnisse »sicher *schon* – vielleicht sogar meist, sicher aber nicht allzu selten – im 11. und 12. Jahr vor(kommen)« (S.108, Hervorhebung v. Verf.). Freundschaftsbeziehungen unter Erwachsenen werden etwa durch die Einzigartigkeit und Intimität der jeweiligen Beziehung charakterisiert, durch ein Netz von damit eingegangenen Verpflichtungen sowie dadurch, daß Interaktionen zwischen Freunden außerhalb von formalen Rollenbeziehungen ablaufen (Kurth 1970).

Daß Kinder eigene Vorstellungen über Freundschaft entwickeln, die man nicht mit Erwachsenenmaßstäben messen kann (weil man sonst ihren Besonderheiten nicht gerecht wird), ist auch bei Psychologen eine relativ junge Einsicht. Sie wurde möglich, als man sich von der Auffassung löste, daß es die Art der Beziehung zwischen Mutter und Kind sei, die schon von Geburt an die weitere Entwicklung des Kindes maßgeblich beeinflusse, so daß auch die späteren Beziehungen zu anderen Kindern und Erwachsenen als Folge dieser frühkindlichen Mutter-Kind-Beziehung anzusehen seien. Starker Einfluß in diese Richtung ging von der sog. Bindungstheorie (engl. attachment theory) aus, die u.a. psychoanalytische Annahmen zugrundegelegt (Rauh 1987). Die Bedeutung des mütterlichen Einflusses wurde relativiert: Nun sind es vor allem Gleichaltrige (Peers), denen eine eigenständige Rolle in der Sozialisation des Kindes zukomme, die nicht von den Eltern übernommen werden kann. Es ist der Umgang und die Auseinandersetzung mit

Gleichaltrigen, die Kindern eine Reihe von sozialen Fertigkeiten vermitteln, welche sie nur auf diese Weise erwerben können, nämlich in sogenannten symmetrischen Beziehungen, in denen nicht eine Partei zu bestimmen hat (die Eltern), sondern wo gemeinsam mit gleichen und gleichberechtigten Partnern ein übereinstimmendes Verständnis ihrer Beziehung herbeigeführt wird, das von Bedeutung ist, wenn es einerseits z.B. um die Wahl von Spielen geht, andererseits aber auch um die Lösung von Konflikten (Youniss 1980, 1982; Selman 1984).

Es sind also nicht mehr die idealen und idealisierten Freundschaftsbeziehungen der vergangenen Jahrhunderte, mit denen wir uns heute beschäftigen, sondern »Alltags«-Freundschaften von Jungen wie Mädchen aller Altersstufen. In diesem Sinne sind Kinderfreundschaften eine Entdeckung des 20. Jahrhunderts.

Die psychologische Bedeutung von Freundschaft liegt nicht nur in den angenehmen Erfahrungen, die sie dem einzelnen bereiten, sondern auch in der Rolle, die sie für die soziale Entwicklung des Kindes spielt. Die sogenannten Sozialisationsfunktionen von Freundschafts- und Peerbeziehungen sind in den letzten Jahren zunehmend als wichtig erkannt worden. Kinder lernen miteinander und voneinander Kooperation und Wettbewerb, moralische Normen, Aggressionskontrolle, Vertrauen und Sensibilität. Freundschaften in der Kindheit sollen zum Aufbau eines positiven Selbstbildes verhelfen, zu intimen Beziehungen im Erwachsenenalter befähigen und delinquente sowie psychotische Entwicklungen verhindern (Fine 1980, 1981; Hartup 1977; Maas 1968; Lewis u. Rosenblum 1975; Mannarino 1978; Putallaz u. Gottman 1981a).

Wir wollen hierzu einige Beispiele aus der Forschung über Kinderfreundschaften ausführlicher darstellen.

In einer schon klassisch zu nennenden Studie berichten Anna Freud und Sophie Dann (1951) über die Entwicklung von 6 Kindern, deren Eltern meist kurz nach ihrer Geburt in den Gaskammern umkamen.

Im Alter von 6 bis 12 Monaten gelangten die einzelnen Kinder über verschiedene Umwege in das Durchgangslager Theresienstadt, wo sie in die Abteilung für mutterlose Kinder aufgenommen wurden. Sie verbrachten dort ca. 3 Jahre, bis sie im Frühjahr 1945 von den Russen befreit und nach mehreren Wochen besonderer Fürsorge in ein englisches Aufnahmelager gebracht wurden. Von dort aus übersiedelten sie zusammen im Oktober 1945 in ein Haus auf dem Lande, in dem sie von 2 Krankenschwestern und einer Sozialarbeiterin betreut wurden. Zu diesem Zeitpunkt waren die 3 Jungen und 3 Mädchen zwischen 3 Jahren und 3 Jahren 10 Monaten alt.

Aus der Vielzahl der beobachteten Verhaltensweisen seien hier nur solche beschrieben, die das Verhalten der Kinder zueinander kennzeichnen.

Den Erwachsenen gegenüber verhielten sich die Kinder indifferent bis feindselig, positive Gefühle dagegen hegten sie nur für die Angehörigen ihrer eigenen Gruppe. Sie kümmerten sich sehr umeinander: bei den Mahlzeiten sorgten sie dafür, daß die Schüsseln weitergereicht wurden; sie nahmen nichts weg, was einem anderen von ihnen gehörte; sie wollten alle von den Erwachsenen gleich behandelt werden (z.B. bei Geschenken); sie achteten bei Spaziergängen darauf, daß kein Kind zurück blieb; sie hoben einander Spielsachen auf; sie gerieten außer Fassung, wenn sie auch nur für kurze Zeit getrennt wurden, und anderes mehr. Freude und Entspannung waren nur möglich, wenn alle Kinder zusammen waren. Eifersucht und Rivalität kamen so gut wie nicht vor. Natürlich gab es auch Konflikte und Aggressionen innerhalb dieser Gruppe, auch gelegentliche Ablehnung eines Kindes; positive Gefühle und Beziehungen waren jedoch vorherrschend. Und es sind vermutlich diese engen Beziehungen, die von wechselseitiger Unterstützung und Freundschaft getragen waren, die dazu beigetragen haben, daß die Kinder soziale Einstellungen gegenüber anderen entwickeln konnten, die fremde Sprache erlernten und den Rückstand in ihrer Spielentwicklung aufholten.

Die beobachtete Hilfsbereitschaft, Kooperation, Identifikation und Freundschaft der Kinder erklären Freud und Dann damit, daß sie alle gänzlich ohne Beziehung zu Eltern aufwuchsen. Das bedeutet aber nichts anderes, als daß Kinder, die in ihren ersten Lebensjahren unter extremen Bedingungen aufwuchsen, imstande waren, die Funktionen in ihrer sozialen und emotionalen Entwicklung für einander zu übernehmen, die sonst Erwachsene haben, vornehmlich Eltern.

Man kann sich fragen, ob die Kinder dieser zufällig zustande gekommenen Gruppe als Freunde zu bezeichnen sind und nicht eher als Schicksals- oder Weggefährten. Wie wir noch sehen werden, haben Kinder in diesem Alter allerdings eine ganz andere Vorstellung von Freundschaft als Schulkinder oder gar Erwachsene. Und aufgrund unserer heutigen Kenntnisse von kindlichen Freundschaftsvorstellungen kann man die beobachteten Beziehungen tatsächlich als Freundschaften ansehen. Das heißt nicht, daß alle diese Freundschaften gleich eng, von gleich starker Zuneigung getragen werden; Freud und Dann haben deutliche Unterschiede in der Art und Enge der Beziehungen beobachtet. Gleichwohl handelt es sich um Formen von Freundschaft, wenn sie auch sonst bei Drei- und Vierjährigen kaum üblich sind.

Mit einer ähnlich umfassenden Beschreibung von Freundschaften unter Kindern in vergleichbarem Alter, die unter »normalen« Bedingungen aufwuchsen, kann die Forschungsliteratur nicht aufwarten. Statt dessen wollen wir auf Beobachtungen zurückgreifen, die Krappmann und Oswald (1990) innerhalb eines Klassenzimmers an Viertkläßlern durchgeführt haben. Dabei geht es um verschiedene Aspekte schulischen Lernens.

Zunächst zur Zusammenarbeit in der Schule. Zu spontaner Zusammenarbeit kommt es anscheinend überwiegend unter Kindern, die in freundschaftlicher Beziehung zueinander stehen. Auch angeordnete Partner- und Gruppenarbeit gelingt besser unter Freunden (aber auch in Mädchengruppen) als unter Kindern, die vom Lehrer zusammengesetzt wurden. Freunde nämlich

arbeiten unter der Bedingung gegenseitiger Wertschätzung. Auch unter diesen Fällen treten Beispiele für ungleiche Beiträge auf. Durch das gute Verhältnis der Kinder zueinander scheinen Vorwürfe aber verhindert zu werden. Zweimal gibt es deutliche Hinweise, daß derjenige, der die Aufgabe bereits beherrscht, versucht, dem anderen Hilfen zum selbständigen Arbeiten zu geben. Dieses Verhalten zielt also auf partnerschaftliche Gleichheit (S. 327).

Auch das Leistungsresultat ist von der Beziehung beeinflußt, denn Kinder ohne feste Beziehungen zueinander gelangen zu keinem »akzeptablen gemeinsamen Ergebnis« (S. 327). Kinder freuen sich über den Erfolg ihres Freundes, zeigen Besorgnis über seinen Mißerfolg. Konkurrenzverhalten kommt auch bei ihnen vor, allerdings gemildert in Stärke und Ausdruck.

Hanna und Sybille sind sich über eine Schreibweise uneinig. Sybille möchte, daß Hanna ihr Wort ändert; Hanna aber ist nicht überzeugt. Sybille fragt schließlich den in der Nähe sitzenden Beobachter, der abgelenkt eine vorschnelle, für den erfragten Sonderfall falsche Antwort gibt, die Sybilles Auffassung entspricht. Sybille lacht triumphierend. Hanna ändert nun, hat aber nach wie vor Zweifel. Sie sucht nun einen älteren Arbeitsbogen heraus und stellt fest, daß dort ihre Ansicht bestätigt wird. Sybille macht den Beobachter darauf aufmerksam, der seinen Irrtum zugibt. Nun ändern beide ihren Text entsprechend. . . . Hanna verzichtet darauf, nun ihrerseits den »Sieg« auszukosten, ohne Sybille einen Vorwurf zu machen. Konkurrenz im Sinne eines Besser-sein-Wollens als die andere, einschließlich der Bemühung, dies auch zu beweisen, vermögen sie untereinander zwar auch nicht vollständig aufzugeben. Aber sie können dieses Verhalten so weitgehend kontrollieren, daß die Kombination von Wetteifer und die durch Freundschaft gebotene Zügelung der negativen Aspekte von ausstechender Konkurrenz ihren großen Leistungserfolg verbirgt (S. 331).

Die Entwicklung kognitiver (intellektueller) Fertigkeiten wird nicht bereits durch die Gruppierung von Gleichaltrigen gefördert, sondern vor allem dann, wenn die Kinder innerhalb stabiler sozialer Beziehungen oder als Freunde interagieren.

Auch hier sind Unterstützungen und produktiver Austausch von Problemsichten nicht so häufig wie erwartet, auch hier gibt es Häme und Übervorteilung. Aber die Risiken, kurz abgefertigt oder abgewiesen zu werden, sind unter Kindern mit engeren Beziehungen doch erkennbar geringer als unter Kindern, die wenig miteinander zu tun haben. Ebenso werden in Schädigung umschlagende Konkurrenz und zur Herabsetzung führende Suche nach Anerkennung am wahrscheinlichsten unter Kindern vermieden, die miteinander befreundet sind oder gemeinsam einer stabilen sozialen Gruppierung angehören. Offenbar erleichtert es freundschaftliche Beziehungen, Unterstützungen und Vorschläge so anzubieten, daß sie angenommen und geprüft werden. Von Rat und Einwänden profitiert ein Kind in diesen Fällen nicht nur, wenn sie gut oder zutreffend sind, sondern manchmal auch, wenn sie falsch sind, und zwar dann, wenn sie das Kind anregen, seine Auffassung neu zu bedenken (S. 335).

Die bisher zitierten Beobachtungsergebnisse stammen aus der natürlichen Umwelt der Kinder, d.h. aus alltäglichen und vertrauten Lebensbereichen.

Für einen Forscher ist es jedoch kaum möglich, darauf zu warten, daß ein bestimmtes Verhalten, das ihn interessiert, auch eintritt; abgesehen davon, daß manche Verhaltensweisen nur unter bestimmten Umständen auftreten (z.B. einen Freund gegen andere zu verteidigen). Außerdem ist nicht alles, was interessiert, auch beobachtbar. Man kann nicht erkennen, wann dem Freund ein Geheimnis anvertraut wird, auch nicht immer, welcher Freund der beste oder der engste ist. Und überhaupt nicht beobachten läßt sich, was Kinder über Freundschaft und Freunde denken. Es ist daher nötig, zu anderen Methoden als der Beobachtung zu greifen, um über derartige Fragen Aufschluß zu erhalten.

Eine dieser Methoden besteht darin, eine Situation zu schaffen, in der alle Kinder grundsätzlich gleiche Verhaltensmöglichkeiten haben. So benutzt man etwa einen Raum (Labor), in dem 2 einander unbekannte Sechsjährige zusammengebracht werden, die dort z.B. für eine halbe Stunde mit dem vorhandenen Spielzeug spielen dürfen, und beobachtet die Kinder durch eine Einwegscheibe (sie erscheint im Raum als Spiegel, ist jedoch von außen durchsichtig wie ein Fenster). Da die Situation für alle in dieser Weise beobachteten Kinder gleich gestaltet ist, spricht man auch von einer standardisierten Situation (Laborsituation).

Wenn man eine Laborsituation nun dahingehend einschränkt, daß nur bestimmte Verhaltensweisen möglich sind, die von der Einführung bestimmter Bedingungen abhängen, hat man es mit einem Experiment zu tun. So erhalten etwa 2 Freunde die Aufgabe, bestimmte geometrische Figuren in möglichst kurzer Zeit auszumalen, verfügen aber über nur einen Malstift. Der Experimentator kann dann z.B. beobachten, wie lange ein Freund dem anderen den Stift vorenthält, wie lange er den anderen bitten läßt oder vertröstet u.a.m.

Einfacher durchzuführen als Beobachtungen sind meist die verschiedenen Formen der Befragung. Sie ermöglichen den Zugang zu verschiedenen Merkmalen (z.B. Interessen) und Auffassungen (z.B. Freundschaftsverständnis) des Kindes. Vor allem Fragebogen, in denen zu vorgegebenen Aussagen eine von mehreren Antwortalternativen angekreuzt wird, vermitteln relativ schnell die gewünschte Information. Aufwendiger ist die Durchführung von Interviews, die gelegentlich eine längere Einübungszeit erforderlich macht (wie etwa bei der Erfassung des Freundschaftsverständnisses von Kindern).

Informationen über die Freunde, ihr Alter und Geschlecht, ihre Anzahl usw. kann man dagegen auf einfach gestalteten Listen festhalten.

Alle diese Verfahren müssen vor ihrem Einsatz erprobt und auf ihre Meßqualität hin geprüft werden. Das soll uns hier jedoch nicht weiter beschäftigen.

Nach diesem Umweg über verschiedene Möglichkeiten, Information über Freunde und Freundschaft zu erhalten, wenden wir uns noch einmal den Funktionen von Freundschaft zu.

In mehreren Studien kam man mit Hilfe von Fragebogen zu folgenden Ergebnissen: Kinder mit engen Freunden hatten ein günstigeres Selbstbild und waren altruistischer als Kinder ohne enge Freunde. Sie hatten mehr Optimismus und Vertrauen und zeigten weniger Ängstlichkeit und Mißtrauen (Mannarino 1976, 1978, 1979; McGuire u. Weisz 1982; Strickland 1981). Dies klingt zunächst ganz plausibel und glaubwürdig, ist aber aus methodischen Gründen weniger eindeutig, als man annehmen sollte. Derartige Korrelationsstudien nämlich, in denen untersucht wird, wie eng der Zusammenhang zwischen 2 oder mehreren Variablen ist (hier der Enge der Freundschaft und z.B. der Ausprägung von Altruismus), erklären nicht, welche Variable auf die andere Einfluß nimmt.

Um im Beispiel zu bleiben: Die Erfahrung einer engen Freundschaft kann die Ursache dafür sein, daß Kinder mehr Altruismus entwickeln, daß sie lernen, zugunsten des Freundes auf bestimmte Dinge zu verzichten oder sich einzuschränken, indem sie vieles mit ihm teilen. Man könnte jedoch auch umgekehrt argumentieren: Kinder, die bereits gelernt haben, altruistisch zu sein, haben es leichter, Freunde zu gewinnen und zu behalten. Ähnlich bestellt ist es mit anderen Merkmalen wie Vertrauen oder Ängstlichkeit.

Um dieses methodische Dilemma zu lösen, muß man sog. Längsschnittstudien durchführen. Dabei werden Kinder innerhalb eines längeren Zeitraumes (meist von einem bis zu mehreren Jahren) wiederholt beobachtet und hinsichtlich der interessierenden Merkmale befragt. Über die Veränderung dieser Merkmale kann man dann genauere Auskunft über die jeweiligen Ursachenfaktoren erfahren. Dabei ist es allerdings erforderlich, nicht nur miteinander befreundete Kinder zu untersuchen, sondern auch nicht befreundete Kinder, um den Einfluß von Gleichaltrigenbeziehungen von Freundschaftsbeziehungen abgrenzen zu können. Das ist in vielen Studien bisher versäumt worden.

Im Hinblick auf die Bedeutung von Freunden für die kindliche Entwicklung können wir bisher folgendes festhalten: Unter Psychologen, und nicht nur unter ihnen, besteht große Übereinstimmung darüber, daß Freunde nicht nur zum psychischen Wohlbefinden des Kindes beitragen, sondern auch seine individuelle Entwicklung fördern. Mit der empirischen Bestätigung dieser Auffassung steht es allerdings nicht zum besten. Während es eine Reihe von Arbeiten zum Einfluß von Gleichaltrigen(gruppen) gibt, sind Studien zur Sozialisationsfunktion von Freunden eher selten und methodisch angreifbar. Wir benötigen daher noch viele und genauere Untersuchungen als bisher, um Aufschluß darüber zu erhalten, was Freundschaft für die Entwicklung eines Kindes zu leisten vermag.

Gelegentlich wurde auch versucht, einer Antwort auf diese Frage auf einem anderen Wege näherzukommen: über die Anzahl der Freunde eines Kindes. Dabei geht es weniger darum, ob Kinder mit vielen Freunden etwa verständnisvoller oder sozial aufgeschlossener sind als Kinder mit wenigen Freunden, sondern um die Entwicklung von Kindern mit Freunden und ohne Freunde.

Sogenannte Korrelationsstudien (s.oben) zum Zusammenhang von Beliebtheit und sozialer Entwicklung haben gezeigt, daß unbeliebte Kinder im späteren Alter eher straffällig werden und psychisch erkranken. Im Zusammenhang mit der Feststellung, daß es in jeder Schulklasse sozial isolierte Kinder gibt, hat man daher argumentiert, daß man solchen Kindern beibringen muß, wie man Freundschaften schließt, um einer ungünstigen Entwicklung vorzubeugen. Das ist sicherlich eine unterstützenswerte Forderung – sie geht jedoch an unserem Problem vorbei. Abgesehen davon, daß es tatsächlich einen Zusammenhang zwischen Beliebtheit und sozialer Entwicklung gibt (wenn er auch nicht so eng ist, wie oft dargestellt), so ist Beliebtheit doch etwas ganz anderes als Freundschaft. Beliebte Schüler sind solche, die von relativ vielen Klassenkameraden gewählt und von relativ wenigen abgelehnt werden; abgelehnte Kinder werden nur von wenigen gewählt; und vernachlässigte Kinder sind solche, die von ihren Klassenkameraden unabsichtlich so gut wie nicht beachtet werden (man hat sie auch »isolierte Kinder« genannt, obgleich der Begriff Assoziationen an ein aktives Ausschließen weckt, was zwar vorkommt, aber seltener ist als ein absichtliches Nichtbeachten).

Von einem Kind, das eine sozial ungünstige Rolle als Abgelehnter oder Nichtbeachteter einnimmt, kann jedoch nicht behauptet werden, daß es keine Freunde habe. Ein abgelehnter Schüler wird in der Regel nicht von allen Mitschülern abgelehnt, sondern kann unter ihnen durchaus einen Freund finden, selbst wenn dieser ebenfalls abgelehnt sein mag. Ein unbeachtetes Kind kann in seiner Nachbarschaft einen Freund haben, der ihm hilft, mit seiner einsamen Stellung in der Klasse fertig zu werden. Eine bestimmte Beliebtheitsposition innerhalb einer Kindergartengruppe oder Schulklasse sagt also noch gar nichts darüber aus, ob das betreffende Kind innerhalb oder außerhalb dieser Gemeinschaft einen oder gar mehrere Freunde hat. Und selbst ein freundloser Zustand kann ein Durchgangsstadium sein, in dem man den Verlust eines Freundes (wie er z.B. durch Bruch der Beziehung oder Weggang des Freundes entstanden ist) bewältigen muß, bevor man imstande ist, neue enge Beziehungen aufzunehmen.

Noch ein anderer Punkt wird in diesem Zusammenhang zu wenig beachtet. Man kann sich vorstellen, daß Freunde in bestimmten Entwicklungsstadien wichtiger sind als in anderen. Wenn ein Kind in den Kindergarten kommt oder eingeschult wird, dürfte es ihm ein Freund erleichtern, sich in die unvertraute Situation einzuleben. Und in der Pubertät können Freunde einander helfen, mit ihren Sorgen und Ängsten besser umzugehen. Unter diesem Gesichtspunkt ist eine einfache Feststellung darüber, daß ein Kind keine Freunde hat und dadurch in seiner Entwicklung beeinträchtigt werden kann, weder ausreichend noch hilfreich. Man muß vielmehr fragen, warum ein Kind zu einem bestimmten Zeitpunkt keinen Freund hat, wie es dazu gekommen ist, ob dieser Zustand schon länger andauert, ob Phasen ohne Freunde schon früher und öfter vorgekommen sind, wie eng die Beziehungen waren und anderes mehr.

Schließlich sind viele Freunde und häufige Freundschaften keine Garantie für eine problemlose soziale Entwicklung, nämlich dann, wenn die Freunde öfter gewechselt werden. Eine amerikanische Längsschnittuntersuchung (Maas 1968) kam zu folgendem Ergebnis: 30jährige Männer, die vor der Adoleszenz (mit etwa 10–12 Jahren) nur einen engen Freund hatten, waren als Erwachsene eher in der Lage, enge und intime Beziehungen zu ihren Mitmenschen einzugehen als solche, die nacheinander 2 Freunde hatten. Wie aus Äußerungen im Interview hervorgeht, zeigten diese Männer als Knaben

Verhaltensweisen, die zur Beeinträchtigung und Beendigung der einen Freundschaft führte, bevor die andere begann. Anders dagegen bei gleichaltrigen Frauen: diejenigen, die zu engen Beziehungen imstande waren, hatten als Mädchen mehr Spielkameraden als diejenigen Frauen, die dazu weniger gut in der Lage waren. Letztere begannen mit 10 Jahren die Zahl ihrer Freundinnen einzuschränken, so daß die Hälfte von ihnen mit 12 Jahren nur noch eine einzige Freundin hatte, während es bei der ersten Gruppe vier oder mehr waren. Die vorliegenden Daten lassen zwar nicht erkennen, welche Verhaltensweisen es im einzelnen waren, die den Umgang mit Freunden bestimmten, aber sie weisen darauf hin, daß offenbar die Art von Freundschaftsbeziehungen im späten Kindesalter die Art von Erwachsenenbeziehungen beeinflußt und daß es zwischen Jungen und Mädchen doch näher zu bestimmende Unterschiede gibt.

Zusammenfassung

Freundschaft ist eine Form zwischenmenschlicher Beziehung, die seit der Antike das Denken von Philosophen und Schriftstellern beschäftigt hat. Ihre Auffassungen von Freundschaft haben allerdings bis weit in unser Jahrhundert hinein eine unvoreingenommene psychologische Untersuchung von Kinderfreundschaften behindert. Erst als man sich von der Vorstellung löste, daß Kinderfreundschaften an Erwachsenenfreundschaften zu messen seien, und man erkannte, daß Kinder füreinander andere Sozialisationsfunktionen erfüllen als Erwachsene, sind Kinderfreundschaften in zunehmendem Maße Gegenstand psychologischer Forschung geworden.

Im Umgang mit Freunden und Gleichaltrigen (Peers) erlernen Kinder Kooperation und Wetteifer, moralisches Urteilen und Handeln, Vertrauen, Sensibilität u.a.m. Über die entwicklungspsychologische Bedeutung von Freunden herrscht zwar allgemeine Übereinstimmung, jedoch hat die Forschung im einzelnen noch zu untersuchen, welche Funktionen Freunde im Gegensatz zu Gleichaltrigen übernehmen, zu welchen Zeitpunkten im Verlauf der Entwicklung eines Kindes Freunde besonders wichtig sind und welche Rolle Anzahl und Art von Freunden spielen.

2 Was verstehen Kinder unter Freundschaft?

Die Forschung hat auf zwei ganz verschiedene Weisen versucht, etwas über das Freundschaftsverständnis von Kindern und seine Entwicklung zu erfahren. Sie unterscheiden sich in ihrem Ausgangspunkt und in ihrer Methode.

Wie Kinder Freundschaft erklären

Die eine Vorgehensweise wählt als Ausgangspunkt und zugleich als Maßstab für den jeweils erreichten Entwicklungsstand das Verständnis der Erwachsenen von Freundschaft. Sie benutzt dazu einfache mündliche oder schriftliche Befragungen oder setzt Fragebogen ein und ordnet die erhaltenen Antworten der Kinder in Kategorien ein, die sich aufgrund des Inhaltes der Antworten bilden lassen. Man spricht daher vom inhaltsorientierten Ansatz zur Untersuchung des Freundschaftsverständnisses. Das Entwicklungsniveau des Freundschaftsverständnisses eines Kindes bemißt sich dann danach, wie weit es Erwachsenenauffassungen von Freundschaften nahe kommt. Was Erwachsene für Vorstellungen hierzu haben, wird allerdings nicht diskutiert (normalerweise wird bei Erwachsenen ein allgemein geteiltes Verständnis von

Freundschaft vorausgesetzt.) In der Regel hat man Kindern verschiedener Altersstufen die Frage gestellt:

- Was ist ein Freund? oder
- Was ist für *Dich* ein Freund?

und erhält dann Antworten folgender Art (unveröffentlichte Befragungen des Autors):

Kindergarten (3-6 Jahre)
spielt mit mir
haut mich nicht
ist so lieb
sie hat rosa Sachen an
er läßt mich beim Spielen gewinnen
wir streiten uns nicht

1. Klasse
wir sind oft zusammen
wir spielen zusammen

2. Klasse
spielt so schön
wir streiten uns nicht so oft
ich kann mit ihm über fast alles sprechen

3. Klasse
er ist lieber
sie ist nicht streitsüchtig
ich darf bestimmen, was wir spielen

4. Klasse
wenn er ein Problem hat, daß er mir alles offen sagt
daß er manchmal zu mir hält
daß er mich mag
groß, stark, nett
ist nicht gleich zornig oder böse, wenn man was sagt, was er nicht will
leiht mir was aus
der alles mitmacht
mir hilft
er muß in allem in der Schule gut sein, darf nicht dumm sein, muß mich gut leiden können

6. Klasse
wir müssen ein gutes Verhältnis haben
dürfen nicht so oft streiten
wir müssen zusammenhalten,
sie muß mir vertrauen
gutes Zusammenhalten, kann ihr ein Geheimnis anvertrauen
wenn er mit mir durch dick und dünn geht
verständnisvoll, aufmerksam beim Erzählen, treu, soll Geheimnisse wahren
kameradschaftlich, hilfsbereit, nicht neidisch
hat gleiche Interessen
ehrlich, gegenseitiges Anvertrauen
einer, der Fußball spielen kann, der nett ist, der sich mit mir versteht und nicht gleich beleidigt ist
der mir in Not hilft, mich nicht anlügt und zu mir hält
jemand, der immer zu einem hält, daß er wieder gut ist, wenn man einen Streit hatte

Für die verschiedenen Kategorien berechnet man die Prozentsätze pro Altersstufe, um Aufschluß über folgende Fragen zu erhalten:

In welchem Alter wird ein bestimmtes Freundschaftsmerkmal (z.B. Vertrauen) von Kindern zum ersten Mal genannt?
Welche Bedeutung haben die verschiedenen Merkmale auf verschiedenen Altersstufen?
Wie verschiebt sich die Bedeutung der Freundschaftsmerkmale im Laufe der Entwicklung?

Im Rahmen der inhaltsorientierten Forschung ist das Entwicklungsmodell der Freundschaftserwartungen von Bigelow und LaGaipa (1975; Bigelow 1977) besonders bekannt geworden.

Die 1. Stufe ist durch *externe, oberflächliche Aspekte der Beziehung* gekennzeichnet: gemeinsames Spiel, gemeinsame Unternehmungen und räumliche Nähe sind hier die wichtigsten Bedingungen dafür, daß ein anderes Kind als Freund bezeichnet wird.

Auf der 2. Stufe spielen *Freundschaftsnormen und -regeln die dominierende Rolle*. Wenn sie nicht eingehalten werden, hat eine Freundschaft keinen Bestand. Ein Freund, der ein Geheimnis ausplaudert, gefährdet die Freundschaft, wenn er sich nicht dafür entschuldigt.

Auf der 3. Stufe werden *psychische Beziehungsaspekte* bedeutsam: Ein Freund hat Verständnis für den anderen, kann sich in seine Lage versetzen, vertraut ihm intime Dinge an, kann sich auf ihn verlassen. Im Entwicklungsverlauf kommt also immer etwas Neues hinzu. Es genügt nicht mehr, gemeinsam etwas zu tun, um als Freund angesehen zu werden, sondern man muß neue Anforderungen erfüllen, um ein Freund zu werden und zu bleiben.

Dieser Forschungsansatz blieb nicht unkritisiert, und aus den zu nennenden Gründen verzichten wir auch darauf, Altersstufen anzugeben, auf denen die verschiedenen Freundschaftsmerkmale zum ersten Mal von Kindern genannt werden. Die Kritikpunkte sind folgende:

1. Wenn bei der Befragung eines Kindes ein bestimmtes Freundesmerkmal nicht spontan geäußert wird, so muß das nicht heißen, daß es für das Kind ohne Bedeutung wäre. Umgekehrt kann ein Kind ein bestimmtes Freundesmerkmal deshalb anführen, weil es in seiner Gleichaltrigengruppe häufiger vorkommt oder in einem der Medien (z.B. im Fernsehen) öfter zu hören war. Sprachgewohnheiten und unmittelbar zurückliegende Erfahrungen können also kindliche Äußerungen beeinflus-

sen, ohne daß darum die tatsächliche Auffassung des Kindes erfaßt worden wäre. Damit aber ist die in der Forschung vertretene Annahme, daß die von den Kindern erfragten Merkmale um so wichtiger seien, je häufiger sie genannt werden, nicht mehr haltbar. Hinzu kommt, daß Kinder meistens nicht über ihre Auffassung von Freundschaft nachdenken, so daß in einer Befragung nicht alle Bedeutungskomponenten des individuellen Freundschaftsbegriffes aus dem Gedächtnis abgerufen werden können, ganz zu schweigen von der sprachlichen Ausdrucksfähigkeit des einzelnen Kindes.

2. Wenn man eine andere Methode der Befragung wählt, indem man die Bedeutung der einzelnen Freundschaftsaspekte direkt anspricht und dabei zugleich solche einbezieht, die nicht genannt werden, sind die meisten Kinder imstande, sie zu verstehen und dazu ihre Meinung zu sagen, z.B. einander helfen oder Geheimnisse teilen.

3. Dadurch, daß die Forscher von einem Erwachsenenbegriff von Freundschaft ausgehen, interpretieren sie die häufigere Nennung eines Merkmals auf einer bestimmten Altersstufe so, als wende es das Kind wie ein Erwachsener an. Wenn also Merkmale wie Vertrauen und Intimität erst relativ häufig von Sechstkläßlern erwähnt werden, so bedeutet das für inhaltsorientierte Forscher, daß erst ab diesem Alter ein Verständnis der Begriffe erreicht ist, wie es auch Erwachsene haben. Dabei wird übersehen – und das ist der gewichtigste Einwand von seiten des strukturalistischen Forschungsansatzes –, daß z.B. eine Art von Intimitätsbegriff bereits bei viel jüngeren Kindern vorhanden ist, der sich im Laufe der Entwicklung verändert und daher auf verschiedenen Entwicklungsstufen jeweils etwas anderes bedeutet. Diese Sichtweise wird kindlichem Verständnis von Freundschaft und seiner Entwicklung insofern eher gerecht, als sie das Kind nicht als unfertigen Erwachsenen betrachtet,

der einen rudimentären oder zumindest unzulänglichen Freundschaftsbegriff bildet, sondern als Wesen mit eigenen Denk- und Verhaltensweisen, dessen Eigenart nur dadurch erfaßt werden kann, daß man es am ihm eigenen Maßstab mißt und nicht an dem vorerst unerreichbaren des Erwachsenen, zumal ein Erwachsenenmaßstab das Kind immer als unfertig und unbeholfen erscheinen lassen muß.

Der Freundschaftsbegriff im Laufe der kindlichen Entwicklung

Der Freundschaftsbegriff eines Kindes setzt sich aus mehreren Komponenten zusammen, die nicht unverbunden nebeneinander stehen, sondern ein zusammenhängendes Ganzes bilden. Im Laufe der kindlichen Entwicklung verändert sich der Freundschaftsbegriff nicht dadurch, daß die Bedeutung einzelner Komponenten abnimmt und die anderer zunimmt, oder dadurch, daß eine Komponente wegfällt und eine andere neu hinzukommt, sondern die Bedeutung der genannten Begriffe wird eine andere. Wir haben es also mit einer qualitativen und nicht einer quantitativen Veränderung des Freundschaftsverständnisses zu tun.

Durch den Umgang mit anderen entwickeln Kinder ein Verständnis dafür, was einen Freund von einem anderen Kind (einem Nicht-Freund) unterscheidet. Kleine Kinder müssen dabei freilich außerdem noch lernen, den Begriff »Freund« richtig anzuwenden, wie die folgende Beobachtung schön erkennen läßt:

> Beim Verlassen des Spielplatzes begegnet ein Vater mit einem 2 Jahre, 11 Monate alten Sohn einer Mutter mit ihrer 2 Jahre, 2 Monate alten Tochter.

Während die Eltern stehenbleiben und sich unterhalten, beginnen die Kinder spontan miteinander zu spielen, als ob sie sich schon lange kennen würden. Als die Eltern etwa 10 Minuten später auseinandergehen, fragt der Junge seinen Vater: »Papa, ist das Mädchen jetzt meine Freundin?«

Eine strukturalistische Auffassung des Freundschaftsbegriffes wird vor allem von Youniss (1982) und Selman (1984) vertreten, die sich allerdings verschiedenen Aspekten des Freundschaftverständnisses zugewandt haben.

Youniss beschreibt Freundschaft als interpersonale Beziehung zwischen Kindern, indem er sie von der Beziehung zu ihren Eltern abhebt. Wichtig ist für ihn zum einen die Art, auf die das Kind zum Freundschaftsverständnis gelangt, und zum anderen die Art der wechselseitigen Beziehung zwischen Partnern.

Kinder übernehmen nicht einfach einen Freundschaftsbegriff, sei es von Eltern oder Gleichaltrigen, sondern sie bilden ihn selbst und verändern ihn selbst im Umgang mit ihren Interaktionspartnern. Damit ist gemeint, daß 2 Freunde ihr Verständnis von Freundschaft gleichsam miteinander aushandeln, indem sie einander zu verstehen geben, was sie vom anderen erwarten und was sie tun, wenn diese Erwartungen verletzt werden. So wirkt das Handeln eines Partners auf das Verständnis des anderen ein und umgekehrt: das eine ist ohne das andere nicht denkbar. Die soziale Realität von Freundschaftsbeziehungen wird somit von jedem Kind gedanklich konstruiert, und da beide Partner zugleich daran beteiligt sind, spricht Youniss von der »Ko-Konstruktion sozialer Perspektiven«.

Dabei spielt die Art der wechselseitigen Beeinflussung (Reziprozität) eine wesentliche Rolle. Während die Beziehung zu den Eltern eine *komplementäre Reziprozi-*

tät darstellt, in der das Handeln des einen Partners (der Eltern) das des anderen (Kind) einseitig beeinflußt, ist das Verhältnis unter Freunden als *symmetrische Reziprozität* zu verstehen, bei der die Beeinflussung wechselseitig erfolgt. Aber Symmetrie allein reicht noch nicht aus, um zu einer ausgewogenen Beziehung zu gelangen. Wenn 2 Freunde miteinander streiten und einander wechselseitig die Schuld zuweisen, so führt Symmetrie allein zu einer endlosen Auseinandersetzung. Ein Ende ist nur herbeizuführen, wenn man um des anderen und der Freundschaft willen bereit ist, auf die Position strenger Gleichberechtigung zu verzichten. Youniss nennt dies Kooperation: symmetrische Reziprozität wird von Freunden kooperativ eingesetzt und trägt damit zum Erhalt der Beziehung sowie zu einem höheren oder reiferen Verständnis von Freundschaft bei.

Eine strukturalistische Auffassung des Freundschaftsbegriffes vertritt auch Selman (1984). Er verfolgt jedoch das Ziel, die Entwicklung des Freundschaftsverständnisses vom Kindes- bis in das Erwachsenenalter in Form von Stufen zu beschreiben. Er geht von der Annahme aus, daß das Freundschaftsverständnis auf der Koordination sozialer Perspektiven basiert und daß es sich mit der zunehmenden Fähigkeit des Kindes, verschiedene Perspektiven aufeinander zu beziehen, verändert. Perspektive bezeichnet hierbei die Art und Weise, in der eine bestimmte Situation von einem Individuum wahrgenommen und von seinen eigenen Wünschen und Bedürfnissen beeinflußt wird. Daß sie sozial genannt wird, drückt zum einen aus, daß es sich um die Sichtweise von Partnern in einer sozialen Situation handelt, und zum anderen, daß die Sichtweise sich auch auf die Art der sozialen Beziehung richten kann.

Kleine Kinder sind egozentrisch: sie kennen nur ihre eigenen Wünsche und nehmen gar nicht wahr, daß andere Kinder ebenfalls eine eigene Sichtweise der Dinge haben. Mit zunehmendem Alter lernen sie, daß jedes Kind seine eigene Perspektive besitzt, sind jedoch noch nicht in der Lage, eigene und fremde Perspektiven aufeinander zu beziehen. Dies geschieht erst in einem weiteren Entwicklungsschritt, wenn sie, als Freunde oder Spielpartner, versuchen, beide Sichtweisen miteinander in Einklang zu bringen. Erst noch später sind Kinder imstande, ihre Beziehung zum Partner aus der Sicht eines Dritten zu betrachten, und als Jugendliche oder Erwachsene sind sie möglicherweise dazu fähig, Partnerbeziehungen in einem größeren gesellschaftlichen Rahmen zu sehen.

Diese kurz skizzierte Entwicklungsskala der Koordination sozialer Perspektiven bildet für Selman den Ausgangspunkt zur Untersuchung der kindlichen Auffassung von Freundschaft. Um das Freundschaftsverständnis zu erfassen, bedient er sich einer kurzen Geschichte, die dem Kind vorgelesen oder im Film vorgeführt wird. In ihr ist ein Dilemma dargestellt, in das ein Kind gegenüber der besten Freundin gerät:

Das Freunde-Dilemma

Kathy und Becky sind seit dem Kindergarten beste Freundinnen. Sie gehen in der Schule in dieselbe Klasse. Jeden Samstag versuchen sie, etwas Besonderes zusammen zu unternehmen, in den Park oder zum Laden zu gehen, oder etwas Besonderes zu spielen. Sie haben sich immer gut miteinander vergnügt.

Eines Tages zog ein neues Mädchen, Jeanette, in ihre Gegend. Bald stellte sie sich den beiden Mädchen vor. Von Anfang an schienen Jeanette und Kathy sich gut miteinander zu verstehen. Sie unterhielten sich darüber, wo Jeanette herkommt, und was sie in der neuen Stadt alles unternehmen könnte. Becky andererseits schien Jeanette nicht besonders zu mögen. Sie hielt Jeanette für eine Angeberin und war eifersüchtig auf die Aufmerksamkeit, die Kathy ihr schenkte. Nachdem Jeanette die beiden anderen allein gelassen hatte, sagte Becky zu Kathy, was sie über Jeanette dachte: »Was hältst Du von ihr, Kathy? Ich finde sie etwas aufdringlich, wenn sie sich bei uns so einmischt.« »Ach, komm, Becky. Sie ist neu in der Stadt und versucht bloß, neue Freunde zu finden. Wir können wenigstens nett zu ihr sein.« »Ja, aber das heißt nicht, daß sie unsere Freundin werden muß«, erwiderte Becky. »Also gut, was würdest Du denn gerne diesen Samstag machen? Du kennst doch diese alten Kasperlefiguren von mir; ich hab mir gedacht, wir könnten sie reparieren und uns unser eigenes Puppenspiel machen.« »Klar, Becky, das hört sich toll an«, sagte Kathy.« Ich komm nach dem Mittagessen zu Dir rüber. Jetzt sollte ich lieber nach Hause gehen. Also bis morgen.« Am gleichen Abend noch rief Jeanette bei Kathy an und überraschte sie mit einer Einladung zum Zirkus, der letzten Vorstellung in der Stadt. Das einzige Problem war, daß sie zur gleichen Zeit stattfand, zu der Kathy Becky versprochen hatte, zu ihr zu kommen. Kathy wußte nicht, was sie tun sollte: zum Zirkus gehen und ihre beste Freundin allein lassen, oder zu ihrer besten Freundin halten und ein Vergnügen verpassen (Selman 1984, S. 296f.).

Im Anschluß an die Vorstellung dieser hypothetischen Begebenheit wird mit dem Kind ein Interview durchgeführt, das sich auf verschiedene Freundschaftsaspekte (von Selman Themen genannt) bezieht: das Schließen von Freundschaften, Nähe und Intimität, Vertrauen und Wechselseitigkeit, Eifersucht, Konfliktlösung, Beendigung einer Freundschaft. Der Interviewer begnügt sich nicht mit oberflächlichen Antworten des Kindes, sondern versucht durch umsichtiges und geschicktes Rückfragen herauszufinden, was das Kind tatsächlich meint. Dabei wird der den Antworten zugrunde liegenden sozialen Perspektive besondere Beachtung geschenkt.

Einschränkend ist dazu zu bemerken, daß das jüngste Kind, das interviewt wurde, 3 Jahre alt war. Da Selman anscheinend meist ältere Kinder befragt hat, ist es zweifelhaft, ob die Erhebungsmethode bereits im frühen Kindergartenalter vorteilhaft eingesetzt werden kann. Die Ergebnisse seiner Befragungen hat er in Form eines Stufenmodells dargestellt:

Stufe 0: *Enge Freundschaft als momentane physische Interaktion; physische Konfliktlösungen (Alter: 3–7 Jahre)*

Eine Unterscheidung zwischen eigener und fremder Perspektive ist auf dieser Entwicklungsstufe noch nicht möglich. Wegen ihres »physikalistischen« Denkens machen Kinder auch keinen Unterschied zwischen physischen und psychischen Merkmalen. Freunde sind für sie daher solche Kinder, mit denen sie gerade spielen, oder die in ihrer Nähe wohnen. – Anlaß zu Konflikten zwischen Freunden geben nicht unvereinbare Perspektiven, die das Kind ja noch nicht kennt, sondern physische Hindernisse beim Erreichen eines Ziels, etwa wenn ein Kind dem anderen ein Spielzeug wegnimmt oder es ihm vorenthält. Derartige Konflikte werden ebenfalls auf physischem Wege, durch Gewalt, gelöst, aber auch durch Zuwendung zu einem anderen Spielzeug oder zeitweiligem Nichtbeachten des Spielpartners (»Aus dem Auge, aus dem Sinn«).

Stufe 1: *Enge Freundschaft als einseitige Hilfestellung; isolierte Konfliktlösung (Alter: 4–9 Jahre)*

Kinder kennen jetzt den Unterschied zwischen Physischem und Psychischem und wissen, daß auch ihre Spielpartner ihre eigenen Bedürfnisse und Gefühle haben, sind jedoch noch nicht fähig, sich in die Rolle des anderen zu versetzen und können somit auch nicht ihre beiden Perspektiven gemeinsam berücksichtigen. Ein Freund ist jetzt derjenige, der das tut, was man selber will. Und nur dann wird er auch als Freund gewählt.- Konflikte entstehen daher einseitig durch das Verhalten des Partners und können nur ebenso einseitig gelöst werden. Der andere muß mit dem Streit aufhören, indem er ein Spielzeug zurückgibt oder ein Schimpfwort zurücknimmt oder sich entschuldigt.

Stufe 2: *Enge Freundschaft als »Schönwetterkooperation«; kooperative Konfliktlösung (Alter: 6–12 Jahre)*

Das Kind vermag nun die Sichtweise des anderen zu verstehen und beide Standpunkte aufeinander zu beziehen. Das gelingt allerdings noch nicht immer, sondern bleibt auf bestimmte Bereiche beschränkt, so daß verschiedene Absichten und Wünsche der Kinder noch zu Konflikten führen können. Da die Beziehung als wechselseitig gesehen wird, müssen Konfliktlösungen auch von beiden Partnern angestrebt werden. Echte Lösungen sind es jedoch noch nicht, da der Konflikt erst beendet ist, wenn beide zufriedengestellt sind. Ein Verzicht zugunsten des Freundes erscheint kaum als Lösung. – Konflikte werden dadurch bewältigt, daß man sich entweder entschuldigt (und es auch so meint!) oder vorübergehend physische Distanz zueinander herstellt, indem man sich vom Partner zurückzieht, bevor man wieder mit ihm spricht (»Aus dem Auge« heißt jetzt aber nicht mehr auch: »Aus dem Sinn«, wie noch auf Stufe 0). Konflikte lassen sich vermeiden, indem man den Partner um Erlaubnis für eine bestimmte Handlung bittet.

Stufe 3: *Enge Freundschaft als gegenseitiger intimer Austausch; auf Gegenseitigkeit beruhende Konfliktlösung (Alter: 9–15 Jahre)*

Wenn ein Kind Stufe 3 erreicht, ist es in der Lage, seine Freundschaftsbeziehungen aus der Sicht eines Dritten zu betrachten. Die auf diese Weise mögliche Koordination der sozialen Perspektiven dient daher nicht mehr den Interessen eines der beiden Partner, sondern der Aufrechterhaltung und Vertiefung der Freundschaft, in der Intimität und wechselseitige Unterstützung eine vorrangige Rolle spielen. Für Konflikte bedeutet dies, daß sie erst dann als gelöst gelten, wenn jeder Partner auch anstelle des anderen mit dem Ausgang zufrieden wäre und nicht nur jeder für sich allein. Dazu vermag das Bewußtsein wechselseitiger Zuneigung beitragen.

Stufe 4: *Enge Freundschaft als Autonomie und Interdependenz; symbolisches Handeln als Konfliktlösung (Alter: ab 12 Jahre).*

Freundschaft wird als Prozeß angesehen, in dem sich Selbständigkeit (Autonomie) und wechselseitige Abhängigkeit (Interdependenz) miteinander in Einklang bringen lassen. Dem Freund wird das Recht eingeräumt, auch zu anderen enge Beziehungen anzuknüpfen, und damit die Möglichkeit gegeben, sich persönlich weiterzuentwickeln. Wechselseitige Abhängigkeit bedeutet hier das Bewußtsein, sich dem Freund anvertrauen und sich auf ihn verlassen zu können. Konflikte, wie sie z.B. aus persönlichen Problemen eines der Partner entstehen, lassen sich dadurch bewältigen, daß man für Probleme und Gefühle beider Partner offen ist und sich mitteilen kann. Dies geschieht nicht nur durch Worte, sondern ebensogut durch andere Mittel (Gestik, Mimik).

Welche Faktoren beeinflussen das Freundschaftsverständnis?

Auf den ersten Blick muß es so aussehen, als ob alle Kinder spätestens als Erwachsene die oberste Stufe des Freundschaftsverständnisses erreichen, also eine sehr reife und reflektierte Auffassung von Freundschaft haben. Bereits Alltagsbeobachtungen zeigen uns jedoch, daß dem nicht so ist. Wie oft gibt es Schwierigkeiten mit einem Freund, die sogar zur Auflösung der Beziehung führen können, wenn bei Konflikten kein Einvernehmen hergestellt werden kann, weil einer der Partner offensichtlich eine andere (weniger reife) Auffassung von Freundschaft hegt. Es gibt jedoch keine Untersuchungen, die uns Aufschluß über den Prozentsatz von Erwachsenen auf den verschiedenen Entwicklungsniveaus geben.

Es stellt sich nun die Frage, warum nicht alle Menschen einen sehr reifen Freundschaftsbegriff erwerben, sondern auf einem niedrigeren Niveau stehen bleiben. Eine vorläufige Antwort darauf erhalten wir, wenn wir nach den Faktoren fragen, die den Verlauf und das Tempo der Entwicklung des Freundschaftsverständnisses beeinflussen.

Wie bereits aus den Altersangaben zu den Verständnisstufen ersichtlich ist, gibt es zwischen den Stufen große Überschneidungen: Der Freundschaftsbegriff eines Sechsjährigen kann sich auf Stufe 0, 1 oder 2 des Modells befinden, der eines Neunjährigen Stufe 1, 2 oder 3 entsprechen usw. Eine erste Erklärungsmöglichkeit für diesen Sachverhalt läßt sich im unterschiedlichen Entwicklungsstand der Fähigkeit zur Perspektivenübernahme finden. Bisherige Forschungsergebnisse zeigen in der Tat einen ziemlich engen Zusammenhang zwischen dem Niveau des Freundschaftsbegriffes und der eigens gemessenen Fähigkeit zur Perspektivenübernahme. Allerdings ist darin nichts anderes zu sehen als eine Bestätigung von Selmans Ausgangsposition, wonach die Koordination sozialer Perspektiven dem Freundschaftsverständnis zugrunde liegt.

Wovon hängt die Entwicklung der Fähigkeit zur Perspektivenkoordination ab?

Selman selbst sieht darin eine eigenständige kognitive (oder intellektuelle) Fähigkeit, die von der allgemeinen Intelligenz weitgehend unabhängig ist und eigenen Gesetzen folgt, indem sie etwa durch soziale Erfahrungen gefördert wird. Das allein reicht aber offenbar nicht aus. Denn andere Daten machen deutlich, daß Freundschaftsverständnis und allgemeine Intelligenz wesentlich höher miteinander korrelieren, als bisher angenommen wurde. Wie sich der Zusammenhang zwischen Perspektivenübernahme, Freundschaftsverständnis und Intelligenz gestaltet, ist jedoch noch ungeklärt.

Erfahrungen, wie sie im Umgang mit Gleichaltrigen gemacht werden, spielen eine wesentliche Rolle bei der Entwicklung des Freundschaftsverständnisses.

In einer zweijährigen Längsschnittstudie verglich Selman (1984) die Entwicklung des Freundschaftsbegriffs bei 2 Jungengruppen im Alter von 6–12 Jahren. Aus beiden Gruppen wurden die Jungen paarweise so einander zugeordnet, daß sie bezüglich Alter, Rasse, Sozialschicht und IQ gleich waren. In der einen Gruppe waren Kinder mit »normalen« sozialen Erfahrungen, in der anderen emotional gestörte Kinder, die soziale Probleme hatten: sie spielten nur mit jüngeren Kindern und hatten keine gleichaltrigen Freunde. – Die Kinder mit sozialen Problemen durchliefen die gleiche Entwicklungsabfolge »interpersonalen Verstehens« (ein Begriff, der auch das Freundschaftsverständnis umfaßt, aber breiter ist) wie Kinder mit normalen sozialen Erfahrungen. 80% von ihnen lagen jedoch in der Entwicklung deutlich zurück (Selman 1984). Diese Entwicklungsverzögerung wurde allerdings in den nächsten 4 Jahren vor allem von den älteren Kindern weitgehend aufgeholt (Gurucharri et al. 1984).

Soziale Erfahrungen wirken sich so aus, daß sie Impulse für die gedankliche Verarbeitung geben, die immer erst nachträglich erfolgt (Selman). Das Handeln in Freundschaftsbeziehungen geht also dem Nachdenken über Freundschaft voraus, bildet sozusagen das Rohmaterial, das erst bearbeitet werden muß.

Man kann sich leicht vorstellen, daß nicht nur direkte, sondern auch indirekte, durch Medien vermittelte soziale Erfahrungen die Entwicklung des Freundschaftsbegriffes fördern. In vielen Filmen und Kinderbüchern wird nicht nur das Verhalten von Freunden beschrieben, sondern auch ein ganz deutlicher Freundschaftsbegriff angeboten z.B. in den Büchern *Drei kleine Freunde* von H. Heine. In welchem Ausmaß solche stellvertretenden Erfahrungen Einfluß haben, ist allerdings nicht bekannt und aus methodischen Gründen schwer zu untersuchen.

Geschlecht und Schichtzugehörigkeit scheinen sich ebenfalls auf die Entwicklung des Freundschaftsverständnisses auszuwirken: Einige Ergebnisse deuten darauf hin, daß Mädchen schneller ein höheres Niveau »interpersonalen Verstehens« erreichen als Jungen (Selman 1984; Kurdek u. Krile 1982).

Ähnliche Befunde liegen bezüglich der sozialen Schicht vor: Sieben- bis elfjährige Mittelschichtkinder hatten ein reiferes Niveau interpersonalen Verstehens als gleichaltrige aus der Arbeiterschicht (Pellegrini 1986; Selman 1984).

Bei älteren Kindern (11–14 Jahre) ließen sich derartige Unterschiede jedoch nicht mehr feststellen.

Die Verhältnisse sind jedoch noch ein wenig komplexer als bisher angenommen. Zwischen Geschlecht, Schicht und kognitiven Entwicklungsstand besteht eine Wechselwirkung (Keller u. Wood 1989): Das höchste Entwicklungsniveau des Freundschaftsverständnisses hatten Jungen aus höheren Schichten mit hohem kognitiven Entwicklungsniveau, das niedrigste Jungen aus unteren Schichten. Bei Mädchen waren Schicht und kognitive Entwicklung von geringerer Bedeutung als bei Jungen.

Man kann die vorliegenden Daten so verstehen, daß Mädchen als auch Kinder aus höheren Schichten und mit höherem kognitiven Niveau mehr und intensivere Erfahrung mit Freunden machen und daher früher als andere Kinder ein reiferes Freundschaftsverständnis erreichen. Die genannten Faktoren beeinflussen somit also nur das Tempo des Entwicklungsprozesses, nicht aber die Reihenfolge, in der die verschiedenen Verständnisstufen durchlaufen werden. Auf welcher Stufe dieser Prozeß stehen bleibt, dürfte ebenfalls vom Zusammenspiel dieser Variablen abhängen.

Freundschaftsverständnis und Verhalten

Freundschaftsverständnis erwächst nicht nur aus Freundschaftserfahrungen, sondern beeinflußt auch die Bildung neuer Erfahrungen, indem sie auf das Verhalten unter Freunden und somit auf die Freundschaftsbeziehung einwirkt. Besonders deutlich dürfte das bei Konflikten und ihrer Bewältigung zum Ausdruck kommen.

Wie stehen Freundschaftsverhalten und Freundschaftsverständnis zueinander in Beziehung?

Inhaltsorientierte Forscher haben versucht, aus den Freundschaftserwartungen von Kindern die Wahl von Freunden vorherzusagen – allerdings mit bescheidenem Erfolg. Daten zeigen uns (Bigelow u. LaGaipa 1980), daß 73 % der Fünft- und Sechstkläßler hypothetische (vorgestellte) Freunde mit gleichem oder ähnlichem Entwicklungsniveau bevorzugten. Bei den tatsächlichen Freunden waren es dagegen nur 44 %. Die Ergebnisse sind allerdings aus methodischen Gründen nicht sehr aussagekräftig, und weitere Arbeiten dieses Forschungsansatzes liegen nicht vor.

Auch Strukturtheoretiker können nicht mit befriedigenden empirischen Antworten auf die Frage nach der Verhaltensrelevanz des Freundschaftsverständnisses aufwarten. Aufgrund ihrer Untersuchungen kann man erwarten, daß solche Kinder Schwierigkeiten haben, Freundschaften zu bilden und zu erhalten, deren Freundschaftsverständnis von dem ihrer Gleichaltrigen stark abweicht. Sie werden daher versuchen, Freunde außerhalb ihrer Gruppe (meist in der Schulklasse) zu finden (Selman 1984).

Die Art des Freundschaftsverständnisses und die damit zusammenhängenden Konfliktlösungen lassen erwarten, daß Kinder auf höheren Entwicklungsstufen »wahrscheinlich engere, stabilere und reifere Freundschaften haben« als Kinder mit einem weniger weit entwickelten Freundschaftsverständnis (Selman 1984, S. 246). Empirisch bestätigt ist diese Annahme allerdings noch nicht. Selman selbst hat den Zusammenhang zwischen Freundschaftsverständnis und Verhalten in anderen, spezielleren Kontexten untersucht. So hat er sich etwa der Frage zugewandt, ob das mit Hilfe eines eingehenden Interviews ermittelte Freundschaftsverständnis auch in spontanen Äußerungen von Kindern in natürlichen Situationen zum Ausdruck gebracht wird. Aus verschiedenen Studien geht hervor, daß Kinder oft unterhalb ihres gewohnten Niveaus denken (Selman et al. 1982; Selman et al. 1983). Das kommt besonders dann vor, wenn sie in einer Situation Angst oder Zurückweisung erleben oder auch wenn ein Erwachsener lenkend in das Gespräch eingreift oder wenn ein Kind kaum in die Diskussion miteinbezogen wird.

Außerdem dürfte die Enge der Beziehung von Bedeutung sein. Da Selman sein Modell auf die Entwicklung des Begriffs »enge/beste Freunde« begrenzt, liegt es nahe, daß bei weniger engen Freunden auf frühere Entwicklungsstufen »zurückgefallen« wird oder daß ganz bewußt weniger reife Verhaltens- und Denkweisen eingesetzt werden.

Das Freundschaftsverständnis von Kindern kann nicht nur unter »normalen Bedingungen beschrieben, sondern auch in Problemsituationen zur Erklärung von Verhaltensschwierigkeiten herangezogen werden. Selman hat als erster anhand von Einzelfallstudien deutlich gemacht, daß soziale Auffälligkeiten (z.B. Schwierigkeiten, Freunde zu gewinnen oder bestehende Freundschaften zu erhalten) nicht nur innere Konflikte oder körperliche Veränderung als Ursache haben können, sondern auch ein unangemessenes Freundschaftsverständnis (s. Selman, Kap. 5: Fallbeispiel). Es reicht allerdings meist nicht aus, sich auf die Förderung des Freundschaftsverständnisses zu beschränken, sondern man muß das interpersonale Verstehen insgesamt und die damit zusammenhängenden sozial-kognitiven Fähigkeiten in eine Therapie einbeziehen.

Zweifellos bietet Selmans Entwicklungsmodell des Freundschaftsverständnisses nicht nur interessante Information über die sich verändernde kindliche Auffassung von Freundschaft, sondern auch Ansatzpunkte zur Erklärung sozialer Probleme und ihrer Beseitigung. Zugleich ist an verschiedenen Stellen deutlich geworden, daß die Forschung eine Reihe von Fragen bisher nicht aufgegriffen hat. Dazu gehört zum einen das Problem der Konsistenz zwischen verfügbarem Freundschaftsbegriff und Verhalten (unter welchen Umständen kommt das Freundschaftsverständnis eines Kindes in seinem Verhalten zum Ausdruck?). Dazu gehört zum anderen die Frage nach Art und Ausmaß sozialer Erfahrungen, die die Entwicklung des Freundschaftsverständnisses erleichtern bzw. beschleunigen.

Nicht ganz unproblematisch erscheint auch die Kennzeichnung von Stufe 0 als momentane physische Interaktion. Das dürfte weder mit dem Verhalten von Kindern auf dieser Altersstufe noch mit ihren Gefühlen gegenüber dem Freund übereinstimmen. Es ist bisher nicht geklärt, ob das Verhalten kleiner Kinder ihrem Freundschaftsverständnis so weit vorauseilt, daß derart krasse Diskrepanzen zwischen beiden auftreten oder ob sich der Stand des Freundschaftsverständnisses mittels Tiefeninterview bei kleinen Kindern nur schwer erfassen läßt. Hinzu kommt, daß die Zuneigung zum Partner nicht Bestandteil des strukturellen Freundschaftskonzeptes ist, möglicherweise aber die Art der Beziehung stärker beeinflußt als das jeweilige Freundschaftsverständnis: etwa dadurch, daß Unzulänglichkeiten des Freundes eher akzeptiert werden oder dadurch, daß der reifere Freund als Verhaltensvorbild dient, das die eigene Entwicklung stärker vorantreiben kann.

Zusammenfassung

Um zu erfahren, welche Vorstellungen Kinder über Freundschaft besitzen und was sie sich unter einem (besten) Freund vorstellen, hat die Forschung ein inhaltsorientiertes und ein strukturorientiertes Vorgehen gewählt.

Im inhaltsorientierten Ansatz werden Kinder verschiedener Altersgruppen zu ihrem individuellen Freundschaftsbegriff befragt und die erhaltenen Antworten in bestimmte Kategorien eingeordnet, deren Konstruktion von Erwachsenenvorstellungen von Freundschaft geleitet ist. Ebenso werden die jeweiligen Antworten danach bemessen, wie nahe sie dem Erwachsenenverständnis von Freundschaft kommen (das selbst nirgends expliziert ist). Wovon die Entwicklung des kindlichen Freundschaftsverständnisses getragen ist und durch welche Faktoren sie beeinflußt wird, bleibt dabei unklar.

Dagegen spielen derartige Überlegungen im strukturorientierten Ansatz eine tragende Rolle.

Während für Youniss die von Freunden gemeinsam vorgenommene gedankliche Konstruktion des Freundschaftsbegriffes im Mittelpunkt seiner Überlegungen steht, ist es in Selmans Entwicklungsmodell die Fähigkeit zur Koordination sozialer Perspektiven, die dem Freundschaftsverständnis zugrunde liegt. Der Entwicklungsgang wird von sozialen Erfahrungen und intellektuellen Fähigkeiten beeinflußt, sein Tempo von der Schichtzugehörigkeit und dem Geschlecht des Kindes. Das Modell ermöglicht die Aufstellung von Hypothesen zum Zusammenhang von Freundschaftsverständnis und Verhalten, die noch weitgehend ungeprüft sind.

3 Soziale Beziehungen im Kleinkindalter

Wenn es schon schwer fällt, bei Dreijährigen zu erfragen, was sie unter einem besten Freund verstehen, so ist dies bei noch jüngeren Kindern gänzlich unmöglich. Das soll nicht heißen, daß Kleinkinder keine Vorstellungen von Freundschaft besitzen, sondern daß man nach anderen Mitteln als dem der Befragung suchen muß, um etwas über das Freundschaftsverständnis in diesem Alter zu erfahren. Wenn dies auch bisher noch nicht versucht wurde, so scheint es doch aussichtsreich, indirekt etwas über den sich entwickelnden Freundschaftsbegriff zu erfahren, indem man Kleinkinder in ihrer natürlichen Umgebung (zu Hause oder auf Spielplätzen) oder im Labor beobachtet, wie sie mit Gleichaltrigen umgehen. Wenn wir dabei bedenken, daß Kinder zuerst Spielkameraden und Freunde haben und erst danach die mit ihnen gemachten Erfahrungen begrifflich verarbeiten, und wenn wir zugleich berücksichtigen, daß es auf der frühesten Stufe des Freundschaftsverständnisses die Spielpartner des Kindes sind, die als Freunde angesehen werden, so stellt sich die Frage:

Ab welchem Alter spielen Kinder miteinander bzw. sind sie fähig miteinander zu spielen und wie stellt sich dieser spielerische Umgang miteinander dar?

Bereits Säuglinge können mit 2 Monaten auf das Schreien oder Weinen eines gleichaltrigen Kindes reagieren (Lichtenberger 1965), sie sind jedoch – allein wegen ihres motorischen Entwicklungsstandes – noch nicht in der Lage, Kontakt zu einem anderen Kind aufzunehmen. Das fällt wesentlich leichter, wenn Kinder sitzen und krabbeln können und ihre Aufmerksamkeit nicht von der Bemühung um körperliches Gleichgewicht abgelenkt wird. In der Tat kann man in diesem Alter, etwa ab der Mitte des 1. Lebensjahres, feststellen, daß Kinder einander berühren, anlächeln und miteinander lachen. Sie tauschen zunehmend häufiger Blicke aus und versuchen Kontakt miteinander aufzunehmen, indem sie Gegenstände oder Spielzeug zeigen oder anbieten, es aber nicht immer hergeben wollen (Bühler 1927; Vincze 1971). Interessanterweise scheint Kontaktaufnahme durch Berührung häufiger vorzukommen, wenn kein Spielzeug vorhanden ist (Hay et al. 1983), vermutlich deshalb, weil sich die Aufmerksamkeit ganz dem Partner zuwenden kann.

Noch bevor sie laufen lernen, sind Kleinkinder imstande, auf ein anderes Kind einzugehen, wenn auch erst für kurze Zeit und in einer etwas unbeholfen erscheinenden Weise:

> Zwei Kinder sitzen in einem Laufställchen: der 9 Monate alte Roland und der fast 11 Monate alte Erwin. Die Versuchsleiterin gibt Roland eine Trommel und einen Stock und reicht Erwin einen zweiten Stock:
> Erwin greift nach Rolands Stock und nimmt ihn weg. Roland holt den Stock sofort wieder zurück, schlägt auf die Trommel, zieht die Trommel zu seinen Knien; er nimmt die Finger in den Mund und guckt auf Erwin, der zurückblickt. Roland schlägt ein paarmal auf die Trommel, dann auf den Boden, dann wieder auf die Trommel. Erwin legt seinen Stock weg, nimmt die Trommel, untersucht sie, holt den Stock zurück. Er schlägt auf die Trommel, schaut zu Roland hin und lächelt ihn an. Roland schlägt ebenfalls auf die Trommel, schaut auf Erwin und unterbricht für einen Augenblick das Schlagen. Erwin blickt zu Roland, schlägt weiter. Roland schlägt wieder, schaut zu Erwin. Dieser schlägt abermals, sieht zu Roland hin und dreht die Trommel um. Roland hört auf zu schlagen, sitzt still, beobachtet Erwin. Der schlägt die Trommel und lächelt Roland an. Roland schaut zu einem Baby, das im selben Raum schreit, steckt einen Finger in den Mund, schlägt die Trommel mit der anderen

Hand, wobei er weiterhin zum Baby in der Wiege sieht. Erwin hört auf zu trommeln, schaut auf den Schlegel, zieht die Trommel zu seinen Knien und beginnt wieder zu schlagen (Maudry u. Nekula 1939, frei übersetzt vom Verf.).

Es ist dabei nicht so, wie früher angenommen wurde, daß Kinder einander als Spielzeug oder als Gegenstand behandeln, sondern sie betrachten einander als gleichartige Wesen, wie aus ihrem Verhalten hervorgeht (Hay et al. 1983). Konflikte treten unter vertrauten Kindern (Zwillinge) bereits ab dem 4. Lebensmonat auf, unter einander unvertrauten anscheinend erst mit dem Laufalter (Vincze 1971). Mit 9–10 Monaten sind Kinder in der Lage, mit ein und demselben Kind über einen längeren Zeitraum hinweg Erfahrungen zu machen, die ihm den Umgang mit einem fremden Kind erleichtern (Becker 1977). Allerdings dürften nicht allzu viele Kinder im 1. Lebensjahr Gelegenheit haben, soziale Erfahrungen mit Gleichaltrigen zu sammeln, da sich ihr Leben überwiegend in der Familie abspielt. Auch im 2. und 3. Lebensjahr scheinen nicht viele Eltern Kontakte zu gleichaltrigen Spielkameraden herbeizuführen, obwohl heute in vielen Städten Eltern die Möglichkeit geboten wird, ihr Kind mit Gleichaltrigen in Krabbelgruppen zusammenzubringen.

Im 1. Lebensjahr versuchen Kinder häufig, ihre Wünsche durchzusetzen (in etwa 50 % der Fälle), was eine Kontaktaufnahme erschwert, da entsprechende Verhaltensweisen weniger Erfolg haben als positive Kontaktinitiativen (Holmberg 1980). Im 2. Lebensjahr nehmen Verhaltensweisen, die sich auf ein anderes Kind (und nicht nur auf Spielzeug) richten, deutlich zu. Es kommt zu gemeinsamen Tätigkeiten, die meist durch einen Gegenstand oder ein Spielzeug vermittelt sind und die in zunehmenden längeren Sequenzen ablaufen (Holmberg 1980; Mueller u. Brenner 1977; Stanjek 1978). Mit wachsender Fähigkeit zur sprachlichen Kommunikation (also vor allem im 3. Lebensjahr) verlieren Gegenstände ihre Funktion als Vermittler von Sozialkontakten (Stanjek 1978).

Sobald soziale Verhaltensweisen gegenüber anderen Kindern erkennbar werden, sind auch deutliche individuelle Unterschiede zu beobachten (Bridges 1933; Bühler 1927). Die einen Kinder zeigen lebhaftes Interesse für das zweite Kind im Laufstall und für die neue Umgebung und nehmen Kontakt zum erwachsenen Beobachter auf, während andere durch die fremde Situation irritiert sind, Kontakte meiden und untröstlich sind (Bühler 1927).

Es ist vor allem ein Merkmal sozialen Verhaltens, daß in den letzten Jahren die Aufmerksamkeit von Forschern auf sich gezogen hat und auch in Längsschnittstudien untersucht wurde: die Gehemmtheit von Kindern gegenüber anderen. Andere können dabei fremde Gleichaltrige oder Erwachsene sein. Nicht nur sie, sondern auch die Situationen, in der Kinder ihnen begegnen, ist für sie unvertraut und löst daher Unsicherheit aus, wobei nichtgehemmte Kinder eine solche Situation offenbar besser bewältigen können als gehemmte. Diese erscheinen oft als vorsichtig, sensibel und schüchtern, während nichtgehemmte eher kühner, anpassungsfähiger und sozial umgänglicher auftreten (Kagan et al. 1984).

Gehemmtheit, wie sie in verschiedenen Untersuchungen an Kindern im 2. Lebensjahr gemessen wurde, bleibt wenigstens 2 Jahre relativ stabil, das heißt, es gibt eine Reihe von Kindern, die auch nach einem längeren Zeitraum im Vergleich zu anderen immer noch gehemmt erscheinen (Broberg et al. 1990; Kagan et al.1984).

Unterschiede im Grad der Gehemmtheit werden mit Temperamentsunterschieden erklärt, die angeboren sind (erblich oder pränatal bedingt), was allerdings nicht bedeutet, daß gehemmtes Verhalten unveränderbar wäre. Gerade Mütter von gehemmten Kindern bemühen sich, ein sozial offeneres Verhalten herbeizuführen, und bei einem Teil der Kinder kommt es auch dazu – wobei nicht klar ist, ob diese Entwicklung ihren Müttern oder anderen Erfahrungen zu verdanken ist (Kagan et al. 1984).

Ob gehemmte Kinder Schwierigkeiten beim Anknüpfen von Freundschaften empfinden, ob sie weniger Freunde oder weniger enge Freunde haben als nichtgehemmte Kinder, ist noch ungeklärt.

Man wird allerdings davon ausgehen können, daß auch Schüchternheit oder Gehemmtheit keine Barriere für die Entstehung von Freundschaften bedeuten muß. Denn Schwierigkeiten bei der Aufnahme von Kontakten, die gehemmte Kinder haben, sind etwas anderes als Schwierigkeiten bei der Weiterentwicklung einer einmal aufgenommenen Beziehung. Und der Kontakt kann entweder von einem weniger schüchternen Kind herbeigeführt werden, oder er ergibt sich als Folge wachsender Vertrautheit zweier Kinder, die auch von außen, etwa durch die Eltern, hergestellt werden kann.

4 Nach welchen Merkmalen suchen Kinder ihre Freunde aus?

Freunde werden nicht willkürlich ausgewählt, sie müssen zueinander passen. Hinweise darauf, wie solch ein »Passen« aussehen könnte, liefern uns schon die Antworten der Kinder auf die Frage nach dem besten Freund (s. Kap. 2). Als Freund wird demnach jemand ausgewählt, der gut mit einem spielt; tut, was man will; nett ist; einem hilft; dem man Geheimnisse anvertrauen und auf den man sich verlassen kann u.a.m. Es ist darin eine Entwicklungslinie von physischen zu psychischen Eigenschaften erkennbar, wie sie die Forschung auch bei der Beschreibung von fremden und bekannten Kindern festgestellt hat (Honess 1980; Livesley u. Bromley 1973; Scarlett et al. 1971).

Viele dieser Eigenschaften sind aber nicht offensichtlich, man erkennt sie erst nach längerem Zusammensein mit dem fremden Kind. Aber es gibt auch äußere, leicht sichtbare Merkmale, von denen zwei auch in früheren Freundschaftsumschreibungen erwähnt werden: Alter und Geschlecht. Es ist nicht von ungefähr, daß gerade diese beiden Merkmale in den Vordergrund gerückt werden, denn offenbar verweisen beide auf bestimmte Fähigkeiten und Fertigkeiten, die beim Partner vorausgesetzt werden können: z.B. ist ein Junge eher zu spielerischem Raufen und zu sportlichen Betätigungen bereit als ein

Mädchen; ein Neunjähriger kennt Spiele und ihre Regeln, die ein Sechsjähriger nicht beherrscht, kann besser radfahren als er etc.

▄▄ Sind sich Freunde ähnlich?

Mit diesen und anderen sog. Selektionsmerkmalen von Freunden hat sich die Forschung bereits früh und wiederholt befaßt.

Ausgangspunkt der meisten Forscher ist eine nicht immer offen ausgesprochene allgemeine Ähnlichkeitshypothese, die aus Alltagserfahrungen herrührt. Sie besagt, daß Freunde einander bezüglich der je betrachteten Merkmale ähnlich sind. Allerdings wird nichts darüber ausgesagt, wie groß die Ähnlichkeit von Freunden sein muß. Gelegentlich versucht man, die Frage indirekt zu beantworten, indem man behauptet, daß Freunde hinsichtlich eines bestimmten Merkmals einander ähnlicher sind als Nicht-Freunde. Wenn sich dann tatsächlich ein signifikanter Unterschied zwischen Freunden und Nicht-Freunden bei der Enge des Merkmalzusammenhanges zeigt, so kann man darin eine Stütze der Hypothese sehen, ohne konkrete Angaben über den Grad der Merkmalähnlichkeit machen zu müssen, wie z.B. über den Altersabstand in Monaten. Allerdings sind Vergleiche zwischen Freundes- und Nicht-Freundespaaren nur selten durchgeführt worden. Mit Nicht-Freunden sind dabei Kinder gemeint, die aus derselben Kindergartengruppe oder Schulklasse stammen, nicht miteinander befreundet sind und deren Merkmale nach dem Zufall paarweise zusammengestellt werden.

Alter. Es wird kaum überraschen, daß alle Studien zu ähnlichen Ergebnissen kamen: Sowohl im Schul- wie Vorschulalter sind Freunde eher gleichaltrig als durch einen größeren Altersabstand voneinander getrennt (z.B. Almack 1927; Koch 1957; Lederberg et al. 1987; Zillig 1939). Es ist in diesem Fall keine Abwertung des Befundes, wenn man ergänzen muß, daß auch die Beziehungen zwischen Nicht-Freunden vor allem auf Gleichaltrige gerichtet sind. Denn soziale Beziehungen im Kindesalter finden in westlichen Gesellschaften meist in institutionellen Gruppen (Kindergarten, Schulklasse) statt, die hinsichtlich ihres Alters relativ homogen sind.

Wichtig ist das Alter bei der Auswahl von Freunden insofern, als es auf verschiedene allgemeine Merkmale des Partners hinweist: ein Gleichaltriger hat eher eine ähnliche soziale Reife wie man selbst, verfügt vermutlich über ein ähnliches Niveau des Freundschaftsverständnisses, hegt zum Teil ähnliche altersgebundene Interessen. Solche altersbezogenen Überlegungen dürfte ein Kind allerdings kaum bewußt anstellen, wenn es andere Kinder verschiedener Altersgruppen unter dem Gesichtspunkt eines potentiellen Spielpartners oder gar Freundes betrachtet. Vielmehr können wir davon ausgehen, daß der wahrgenommene Zusammenhang zwischen Alter und bestimmten darauf bezogenen Erwartungen so eng ist, daß solche kognitiven Prozesse weitgehend automatisiert ablaufen.

Unter bestimmten Umständen kann aber auch die Freundschaft älterer oder jüngerer Kinder angestrebt werden. Zumindest ältere Kinder können als Partner gewählt werden, wenn sie nicht nur sympathisch sind, sondern etwas beibringen, führen und helfen; jüngere Kinder, wenn sie ebenfalls sympathisch sind und sich etwas beibringen lassen (French 1984). Das heißt aber noch nicht, daß Ältere auch bereit sind, eine engere und anhaltende Beziehung zu Jüngeren einzugehen, während Jüngere oft erfolglos die Beziehung zu Älteren anstreben (Schmidt-Denter 1985a). So trägt auch die zurückhaltende oder gar abweisende Haltung älterer Kinder dazu bei, daß Freundschaften häufiger zwischen Altersgleichen zustande kommen.

Auch der Altersabstand zu den eigenen Geschwistern kann von Bedeutung sein. Es hat sich gezeigt, daß Vorschulkinder mit jüngeren Geschwistern mehr jüngere Spielkameraden bzw. Freunde haben als Kinder ohne Geschwister und daß umgekehrt Kinder mit älteren Geschwistern mehr ältere Freunde haben (Koch 1957; Parten 1932). Es sieht demnach so aus, als würden Kinder die Altersbeziehung zu ihren Geschwistern auch auf ihre Freundschaften übertragen. Dahinter können jedoch ganz bestimmte Erwartungen und Anforderungen hinsichtlich der Fähigkeiten des anderen stehen, die Freundschaft zu gestalten, etwa indem einer führen und der andere geführt werden will.

Geschlecht. Bereits im Kindergarten und zunehmend in der Schule haben Freunde meist das gleiche Geschlecht (Baumrind u. Black 1967; Gottman 1986; Levinger u. Levinger 1986; Oswald u. Krappmann 1984; Strätz u. Schmidt 1982; Tuma u. Hallinan 1979). Präferenzen für Spielpartner und Freunde gleichen Geschlechts sind bei den meisten Kindern zum ersten Mal im 3. Lebensjahr zu beobachten. Für einen kleineren Teil von ihnen macht es offenbar bis in die Schulzeit hinein keinen Unterschied, ob der Freund ein Junge oder ein Mädchen ist. Mit höherem Alter allerdings werden zumindest innerhalb der Klasse keine andersgeschlechtlichen Kinder als Partner gewählt, wohl um Hänseleien der Mitschüler zu entgehen, wie uns Beobachtungen aus dem Schulalltag zeigen. Außerhalb der Schule dagegen können weiterhin gemischt-geschlechtliche Freundschaften entstehen und weiterbestehen, die man jedoch vor den Klassenkameraden geheim hält (Thorne 1986). Erst mit beginnender Pubertät, wenn das Interesse am anderen Geschlecht allgemein zunimmt, dürfen Freundschaften zwischen Jungen und Mädchen wieder öffentlich gezeigt werden (Oswald u. Krappmann 1984).

Zumindest bis zu einem bestimmten Grad scheinen Geschlechtspräferenzen im Vorschulalter von Sozialisationserfahrungen beeinflußt zu sein. Es ist von Bedeutung, ob Eltern und Erzieherinnen geschlechtstypische Aktivitäten betonen (Jungen spielen mit Autos, Mädchen mit Puppen etc.) und den Umgang mit gleichgeschlechtlichen Spielkameraden in irgendeiner Weise bekräftigen, oder ob sie die Unterschiede zwischen den Geschlechtern zugunsten individueller Unterschiede vernachlässigen (Bianchi u. Bakeman 1978). Außerdem werden Freunde vom gleichen Geschlecht vorgezogen, wenn das Kind gleichgeschlechtliche Geschwister hat und wenn der Altersabstand zu den Geschwistern größer wird (Koch 1957).

In den zitierten Untersuchungen ist das Geschlecht von Freunden unabhängig von anderen Variablen betrachtet worden. Methodisch gesehen haben sich die Forscher so verhalten, als gäbe es nur dieses eine Merkmal und nicht zugleich noch mehrere andere zu beachten. Wie verhalten sich Kinder aber, wenn sie sowohl Alter als auch Geschlecht berücksichtigen?

Die bisher vorliegenden Studien an Kindergartenkindern legen folgende Vermutungen nahe: Ob Spielpartner zuerst nach ihrem Alter oder ihrem Geschlecht ausgewählt werden, hängt von der Altershomogenität ihrer Gruppe ab. Befindet sich ein Kind in einer Gruppe mit unterschiedlich alten Kindern, so trifft es seine Wahl zuerst unter dem Gesichtspunkt des Alters, d.h. es interessiert sich zunächst für die etwa gleichaltrigen Kinder und beachtet erst danach das Geschlecht. Umgekehrt verhält es sich in einer Gruppe von Jungen und Mädchen gleichen Alters so: Da eine Altersselektion schon von anderer Seite vorgenommen wurde, kann es seine Wahl sogleich auf Spielpartner des gleichen Geschlechts richten (LaFreniere et al. 1984; Roopnarine u. Johnson 1984). Ob auf diese Weise auch im Schulalter vorgegangen wird, ist zu vermuten.

Ethnische Zugehörigkeit/Rasse. In den USA (aber auch in England) hat die Vielzahl ethnischer Gruppen dazu geführt, daß die Bedeutung von Hautfarbe oder Rassenzugehörigkeit als Selektionsmerkmal häufiger untersucht wurde. Dabei konnte man deutliche Präferenzen für Freunde der eigenen ethnischen Gruppe beobachten (Denscombe et al. 1986; Hallinan 1982; McCandless u. Hoyt 1961). Die Bedeutung dieses Merkmals tritt jedoch in den Hintergrund, wenn man außerdem das Geschlecht der Partner berücksichtigt (Jarrett u. Quay 1984; Lederberg et al. 1987; Singleton u. Asher 1979): die Kinder wählen zuerst nach dem Geschlecht und dann nach der Hautfarbe.

Auch situative Umstände spielen dabei eine Rolle: wie sich die Gruppe ethnisch zusammensetzt und wie lange sie besteht. Bei überwiegend weißen Kindern in einer Klasse waren gleichfarbige und gemischtfarbige Freundschaften etwa gleich häufig; in überwiegend schwarzen Klassen sowie solchen mit gleichen Anteilen der ethnischen Gruppen waren Freundschaft zwischen Kindern verschiedener Hautfarben seltener (Hallinan 1982). Wichtiger als die ethnische Zusammensetzung der Guppe scheint jedoch die Dauer ihres Bestehens zu sein: Wenn die Kinder einander länger kannten und daher wohl mehr Gelegenheit hatten, einander als Individuen und nicht nur als Angehörige einer anderen Gruppe wahrzunehmen, wählten sie ihre Freunde häufiger aus der anderen Gruppe (Campbell u. Yarrow 1958; Hallinan 1982).

In Deutschland stellt sich das Problem in Kindergartengruppen oder Schulklassen mit Kindern ausländischer Arbeitnehmer. Allerdings liegen hier keine entsprechenden Studien vor.

Körperliche (physische) Attraktivität. Die Untersuchung dieses Merkmals scheint auf der unausgesprochenen Annahme zu beruhen, daß es attraktive Kinder leichter haben, Freunde zu gewinnen als unattraktivere, wobei normalerweise die Attraktivität der Gesichtszüge herangezogen wird. Die bisherigen Ergebnisse dazu sind unklar und z.T. widersprüchlich (Clark u. Drewry 1985; Dion 1973; Kleck u. DeJong 1983). Zudem waren die Präferenzen für andere Kinder stärker von der Attraktivität als von der ethnischen Zugehörigkeit oder von Geschlecht und sportlichen Fähigkeiten beeinflußt (Langlois u. Stephan 1977; Zakin 1983). Dabei wurden jedoch andere wesentliche Merkmale wie Alter, Geschlecht und Sozialschicht ausgeklammert.

Körperliches Aussehen dürfte für die Beliebtheit eines Kindes wichtiger sein als für seine Freundschaftsbeziehungen. Hinzu kommt, daß geringe Attraktivität mit anderen Merkmalen wie aggressivem Verhalten einhergehen kann, so daß unattraktive Kinder weniger wegen ihres Aussehens als wegen ganz bestimmter Verhaltensweisen als Freunde abgelehnt werden (Langlois u. Downs 1979). Möglicherweise spielen auch nur die Extrembereiche eine Rolle: Sehr hübsche Kinder werden als Freunde gewünscht, sehr häßliche von vornherein abgelehnt.

In diesem Zusammenhang ist das aus der Sozialpsychologie stammende Attraktionsmodell von Byrne (1971) zu erwähnen. Seine Kernaussage lautet: *Die Ähnlichkeit eines Partners ist um so größer, je ähnlicher seine Einstellungen (zu verschiedenen Dingen) denen der wahrnehmenden Person sind.* Ein solcher Zusammenhang wurde nicht nur bei Erwachsenen, sondern auch bei neunjährigen Kindern nachgewiesen. Dennoch erscheint die Brauchbarkeit dieser Gesetzmäßigkeit zur Erklärung der Entstehung von Kinderfreundschaften fragwürdig. Es ist nicht nur die Künstlichkeit der Laborsituation, in der Kinder Information über die Einstellung eines fiktiven Partners erhalten, der noch dazu als alters- und geschlechtsgleich beschrieben wird, die die Gültigkeit des Modells einschränkt. Es ist vor allem die Beschränkung auf Einstellungen als alleinige Grundlage der Attraktivität eines anderen, die die Unzulänglichkeit des Modells hervorhebt. Denn zum einen werden – gerade bei Kindern – Einstellungen gegenüber bestimmten Sachverhalten selten zu Beginn einer Begegnung ausgetauscht und können daher nicht die Anbahnung einer Freundschaft erklären. Zum anderen sind sie als eher »oberflächliches« Attraktivitätsmerkmal zu sehen (Erwin 1985), das kaum geeignet ist, den Fortbestand der Beziehung zu sichern. Selbst wenn einer Einstellung größere persönliche Relevanz zukommt, so sind Kinder zumindest ab Stufe 3 des Freundschaftsverständnisses fähig und dazu bereit, abweichende Meinungen und Überzeugungen des Freundes zu tolerieren, ohne daß es ihre Beziehung belastet.

Intelligenz und Schulleistung. Die Intelligenz eines Kindes ist nicht ohne weiteres erkennbar und kommt auch in seinen Schulleistungen nicht immer zum Ausdruck. So erscheint es fraglich, ob sie als Selektionsmerkmal überhaupt eine Rolle spielt (Barbe 1954; Barker Lunn 1970; Clark u. Drewry 1985; Gallagher 1958; Potashin 1946; Seagoe 1933). Für manche Kinder scheint die Intelligenz des Partners offenbar deutlich genug und auch wichtig zu sein, um als Auswahlkriterium herangezogen zu werden, für andere dagegen überhaupt nicht. Welche Kinder dies sind und unter welchen Bedingungen Intelligenz für Freundschaft wichtig ist, wissen wir nicht.

Auch bei Schulleistungen gibt es im allgemeinen keine große Ähnlichkeit zwischen Freunden (Bonney 1943; Potashin 1946). Möglicherweise sind Freunde darin nur dann einander ähnlich, wenn ihnen das Unterrichtsfach wichtig ist (Tesser et al. 1984).

Soziale Schicht. Die soziale Herkunft eines Kindes kann sich in seiner Kleidung und seinem Verhalten sowie in seiner Sprache ausdrücken. Auf welchen dieser Aspekte Kinder bei der Wahl ihrer Freunde besonders achten oder ob ihnen nur extreme Ausprägungen davon auffallen, ist nicht bekannt. Sowohl frühe, unsystematische Beobachtungen (Reininger 1924; Schirber 1937) als auch spätere Untersuchungsergebnisse weisen darauf hin, daß Freunde eher der gleichen als verschiedenen Schichten angehören (Kawwa u. Robertson 1970; Neugarten 1946;

Stendler 1947). Dieses Selektionskriterium wird anscheinend besonders dann relevant, wenn man den Freund nach Hause, etwa zu einer Geburtstagsfeier, einlädt. Dabei aber kann die Auswahl direkt oder indirekt stärker von den Eltern als vom Kind selbst gesteuert werden.

Persönlichkeitseigenschaften und andere Merkmale. Alle möglichen Merkmale von Freunden sind zueinander in Beziehung gesetzt worden. Sie reichen von Körpergröße und -gewicht über Meinungen und Interessen bis zu Selbstkonzepten und Extraversion. Die Ergebnisse sind insofern enttäuschend, als Freunde entweder keine oder nur geringe Ähnlichkeiten bezüglich dieser Variablen aufweisen. Nennenswert sind lediglich die Befunde zweier Studien mit Vorschulkindern (bis knapp 5 Jahren): Als Freunde wurden solche Kinder bevorzugt, die gesellig, altruistisch und durchsetzungsfähig waren sowie Kinder mit ausgeprägter Extraversion (LaFreniere u. Charlesworth 1983; Roopnarine u. Field 1984). Extravertierte Kinder haben mehr Umgang mit anderen, sprechen mehr mit anderen und spielen mehr Phantasiespiele, was sie offenbar zu gesuchten Spielpartnern und Freunden macht. Über ältere Kinder wissen wir dagegen so gut wie nichts.

»Filter« bei der Auswahl möglicher Freunde

Die bisherigen Forschungsbemühungen um Selektionsmerkmale von Freunden, d.h. um individuelle Entstehungsbedingungen von Freundschaft – waren bisher nicht sehr erfolgreich. Dafür gibt es mehrere Kritikpunkte:

- Die Auswahl der untersuchten Merkmale ist nicht theoretisch begründet, sondern von Alltagsbeobachtungen gelenkt. Auch die ersten Untersuchungsergebnisse, die bereits seit 70 Jahren vorliegen und an Alltagsbeobachtungen ansetzen, wurden nicht weiterentwickelt, um Art und Grad der Ähnlichkeit zwischen Freunden zu begründen.
- Meistens wird die Ähnlichkeit nur eines Merkmals betrachtet, selbst dann, wenn bei denselben Kindern mehrere Merkmale gemessen wurden. Die Komplexität von Situationen, in denen Kinder einander begegnen, wird auf diese Weise in unzulässigem Maße reduziert.
- Die Betrachtungsweise ist als statisch zu bezeichnen. Erhoben wird die Ausprägung von Merkmalen zu einem bestimmten Zeitpunkt, ohne mögliche Veränderungen der Merkmale und ihrer Bedeutung zu beachten. Man schließt somit von Merkmalen von Kindern, die bereits (längere Zeit) Freunde sind, auf die Selektionsmerkmale von Freunden und damit auf die Entstehungsbedingungen von Freundschaft. Übersehen wird dabei, daß Merkmale, die an fortgeführten Freundschaften festgestellt werden, nicht zu ihrer Entstehung beigetragen haben müssen. So mögen z.B. Alter und Attraktivität eines Kindes die Entstehung einer Freundschaft begünstigen, gegenseitige Hilfe und Vertrauen aber erst ihr Fortbestehen ermöglichen.
- Der letztgenannte Punkt führt uns zur kindlichen Auffassung von Freundschaft, die ebensowenig berücksichtigt wurde wie die individuelle Bewertung der erhobenen Selektionsmerkmale.
- Auch situativen Bedingungen wird in diesem Forschungsansatz nicht Rechnung getragen: Weder

Zufälligkeiten der Begegnung noch Eingriffe seitens der Eltern sind hier von Belang.

Über die Entstehung von Kinderfreundschaften können uns die bisherigen Forschungsergebnisse deshalb nichts Brauchbares mitteilen. Es dürfte kaum ausreichen, wenn ein Kind auf einen Gleichaltrigen gleichen Geschlechts, gleicher Hautfarbe und gleicher sozialer Herkunft und ohne körperliche Auffälligkeiten trifft, damit Freundschaft entsteht. Es macht allerdings Sinn, wenn man die Bedeutung dieser Merkmale darin sieht, daß sie zur Eingrenzung der »Gruppe« von Partnern dienen, die als Freunde überhaupt in Frage kommen. Dabei lassen sich die verschiedenen Merkmale durch einen individuell ablaufenden Selektionsprozeß verknüpfen.

Die bisher besprochenen Freundesmerkmale werden in einem theoretischen Strukturmodell als »Filter« behandelt, die dazu dienen, Kinder auszuwählen (»herauszufiltern«), deren Freundschaft erwogen oder angestrebt wird (Wagner 1991). Bei der Begegnung mit einem fremden Kind werden diese Filter nacheinander »angelegt«, wobei sich ihre Reihenfolge nach der individuellen Bedeutung der Merkmale richtet. Die Bedeutung dieser Filtermerkmale wird im Laufe der Sozialisation erlernt (sei es durch Modellernen oder Bekräftigung) und spiegelt die Wertschätzung der gesellschaftlichen Gruppe wider, in der dieses Lernen erfolgt.

Es ist gut möglich, daß die Anwendung dieser Filter gleichsam automatisch erfolgt und daß eine Reflexion über sie nur unter bestimmten Bedingungen einsetzt. Das kann zum einen geschehen, wenn die Freundschaft eines Kindes aus bestimmten Gründen gesucht wird, wie z.B. wegen seines freundlichen und hilfreichen Verhaltens, es aber von einem wichtigen Filter wie etwa der Hautfarbe üblicherweise ausgeblendet werden würde.

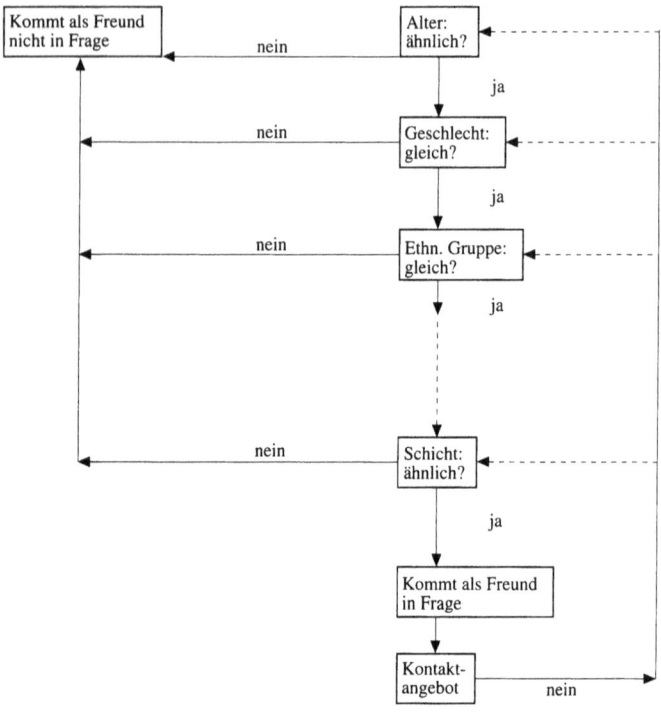

Abb. 1. Der Filtermodell zur Selektion potentieller Freunde.

Das kann zum anderen dann geschehen, wenn die Freundschaftsangebote an ein »herausgefiltertes« Kind von diesem nicht erwidert oder gar abgelehnt werden. In dem Fall hat das Kind verschiedene Verhaltensalternativen: Es kann die Filter erneut durchlaufen, in dem es sie auf ein anderes Kind der Gruppe anwendet; es kann – wenn weitere derartige Versuche erfolglos sind – seine Bewertung der Selektionsmerkmale und damit die Reihenfolge der Filter verändern; es kann die Filter unverändert beibehalten und auf die Anknüpfung von Freundschaftsbeziehungen (vorerst) verzichten. Welchen Weg es wählt, dürfte von seinen bisherigen Erfahrungen mit

Gleichaltrigen sowie dem Druck seiner Umwelt abhängen, die Filter zu übernehmen.

Zusammenfassung

Bei der Suche nach sog. Selektionsmerkmalen hat sich gezeigt, daß Freunde meist von gleichem Alter und Geschlecht sind und oft der gleichen ethnischen Gruppe und der gleichen Sozialschicht angehören. Ob Freunde bezüglich ihrer Intelligenz ausgewählt werden, ist unklar, und die Schulleistung spielt vermutlich nur dann eine Rolle, wenn sie bzw. das entsprechende Fach für ein Kind wichtig ist. Gesellige, extravertierte und altruistische Kinder werden anscheinend als Freunde bevorzugt. Andere Persönlichkeitsmerkmale dagegen sowie körperliche Attraktivität haben nur geringen Einfluß auf die Wahl von Freunden.

Bedingungen, die die Entstehung einer Freundschaft begünstigen, scheinen andere zu sein als die, welche zur Aufrechterhaltung einer Freundschaft beitragen.

Soweit Vergleiche von Freunden und Nicht-Freunden durchgeführt wurden, zeigen sie, daß bezüglich der Ähnlichkeit von »Selektionsmerkmalen« kaum Unterschiede zwischen ihnen bestehen.

5 Was erleichtert Kindern den Zugang zu anderen?

Individuelle Voraussetzung zur Entstehung von Freundschaften

Außer den meist »oberflächlichen« Selektionsmerkmalen dürften auch »innere« Bedingungen an der Entstehung von Gleichaltrigenbeziehungen beteiligt sein.

Man muß dabei nicht gleich soweit gehen, die Existenz eines speziellen Freundschaftsmotivs anzunehmen (und das sich nicht von einem allgemeinen Gesellungsbedürfnis unterscheidet), wie es einmal mit wenig Erfolg versucht wurde (McAdams u. Losoff 1984).

Wenn man schon Motive ins Spiel bringen will, so genügt es, ein allgemeines »Anschlußmotiv« zu berücksichtigen, das dazu anregt, das Zusammensein und den Umgang mit anderen zu suchen (Heckhausen 1980).

Damit wird man jedoch kaum die Entstehung und Aufrechterhaltung einer bestimmten Freundschaft (mit) erklären, sondern allenfalls einen Zusammenhang zur Anzahl sozialer Beziehungen und nicht speziell zu Freundschaften herstellen können.

Enge Beziehungen dagegen mögen leichter und schneller zustande kommen, wenn die Partner eine starke »interpersonale Orientierung« (Campbell u. Yarrow 1958) besitzen. Darunter ist eine Haltung zu verstehen,

die sich weniger an äußerlichen Faktoren wie ethnische Herkunft oder räumliche Nähe orientiert, sondern an der Persönlichkeit des einzelnen Menschen.

Der Umgang mit Freunden ist eine wesentliche Quelle für die Entwicklung des Freundschaftsbegriffes. Die Annahme liegt daher nahe, daß nicht nur spezielle Freundschaftserfahrungen, sondern auch allgemeine Erfahrungen mit Gleichaltrigen das Anknüpfen von sozialen Beziehungen erleichtern. Die hierzu durchgeführten Studien befassen sich mit dem Ausmaß an sozialen Erfahrungen, die in Kindertagesstätten oder Kindergärten gemacht wurden. Sie haben allerdings den Nachteil, daß jeweils nur wenige Gruppen beobachtet wurden, die sich in ihrer Größe und Zusammensetzung, der Anzahl ihrer Betreuerinnen sowie der Art der Betreuung voneinander unterscheiden, und sind deshalb nur als vorläufige Hinweise anzusehen. Es sieht so aus, als ob Kinder mit mehr sozialen Erfahrungen häufiger zusammen mit anderen etwas unternehmen und weniger oft allein sind als Kinder mit geringeren Erfahrungen (Harper u. Huie 1985; Schindler et al. 1987). Es ist allerdings nicht auszuschließen, daß sich hinter diesen größeren Häufigkeiten eine Vielfalt von Erfahrungen verbirgt, die mit einer Vielzahl von Partnern gemacht wurden (Jersild u. Fite 1937).

Nicht nur den Erfahrungen mit Peers, sondern auch der Beziehung zu den eigenen Eltern wird eine besondere Bedeutung für die soziale Entwicklung von Kindern zugeschrieben. Es ist vor allem die Beziehung zur Mutter, wie sie sich im 1. Lebensjahr herausbildet, die nach Auffassung der sog. Bindungstheoretiker nachhaltig alle weiteren Beziehungen beeinflußt (Rauh 1987). Die Art der Beziehung zur Mutter, die bereits am Ende des 1. Lebensjahres festgestellt werden kann, drückt sich hierbei in einer sicheren oder unsicheren Bindung an die Mutter aus (Rauh 1987). Eine sichere Bindung soll es den Kindern erleichtern, ihre räumliche und soziale Umgebung zu erkunden, wobei die aus dem Umgang mit der Mutter erwachsenden positiven Erwartungen an die soziale Umwelt die Aufnahme von Kontakten mit anderen Kindern erleichtern. Untersuchungsergebnisse belegen dann auch einen relativ engen Zusammenhang zwischen Sicherheit der Mutterbindung und dem Umfang an Erfahrung (Kontaktmöglichkeiten) mit Gleichaltrigen (Lieberman 1977). Kinder mit unsicherer Bindung sind eher zurückhaltend und passiv; sie erleben weniger Beachtung und Zuwendung von anderen Kindern (Waters et al. 1979). Demgegenüber sind sicher gebundene Kinder attraktivere Partner, die entsprechend mehr positive Zuwendung und kaum Feindseligkeit und Widerstand erfahren wie unsichere Kinder (Jacobson u. Wille 1986). Die Art der Bindung sagt uns somit etwas über die Bereitschaft, Kontakte aufzunehmen, und über die Wahrscheinlichkeit, von anderen akzeptiert oder abgelehnt zu werden. Ob sichere

Kinder tatsächlich mehr Freundschaften eingehen als unsichere, ob sie ihre Freundschaften länger und konfliktärmer fortführen und ob ihre Beziehungen die Beziehung zu ihrer Mutter widerspiegeln, ist noch ungeklärt. Auch außerhalb der Bindungsforschung ist das Verhältnis von Eltern zu ihren Kindern mit ihren sozialen Verhaltensweisen in Beziehung gesetzt worden. Dabei zeigte sich unter anderem, daß diejenigen (kleinen) Kinder häufiger Kontakt zu Gleichaltrigen aufnahmen, deren Mütter länger mit ihnen zusammen spielten (Howes 1984); daß eher diejenigen Söhne hilfsbereit gegenüber Spielkameraden waren und gut mit ihnen auskamen, deren Mütter sich häufig mit ihnen unterhielten; daß Söhne von direktiven, bestimmenden Vätern weniger mit anderen kommunizierten (MacDonald u. Parke 1984). Kinder können also je nach den Erfahrungen, die sie mit ihren Eltern gemacht haben, es leichter oder schwerer haben, mit Gleichaltrigen Kontakt aufzunehmen und mit ihnen auszukommen. Die Rolle der Familienstruktur (die Beziehung der Eltern zueinander, ihre verschiedene Beziehung zum Kind usw.) wurde hierbei nicht untersucht; und für die Auswahl elterlicher Verhaltensweisen fehlt eine theoretische Begründung.

Zu unserem Wissen über Entstehung, Fortführung und Beendigung von Kinderfreundschaften tragen die skizzierten Forschungsansätze mit ihren Daten also wenig bei. Auch wenn man einräumen muß, daß es den Forschern meist nicht um Freundschaften, sondern um Gleichaltrigenbeziehungen ging, bleiben die hier zu vermittelnden Kenntnisse bruchstückhaft. Die Gründe dafür sind zum einen die statische Vorgehensweise, die nicht Prozesse untersucht, sondern sich mit Momentaufnahmen begnügt, und zum anderen die einseitige Betrachtungsweise, daß eine Freundschaft nur durch den Wunsch und mit Hilfe der sozialen Fertigkeiten *eines*

Kindes entsteht. Denn sie versäumt es, die Bedürfnisse, Merkmale und Verhaltensweisen des Partners sowie die Sichtweise beider Kinder voneinander zu berücksichtigen. Dabei muß beachtet werden, daß die Merkmale des Partners je nach Alter und Entwicklungsstand als unterschiedlich attraktiv wahrgenommen werden. So hat sich z.B. gezeigt, daß ein anderes Kind für Jüngere deshalb als attraktiver Spielpartner angesehen wird, weil es bestimmte Dinge besitzt (z.B. ein neues Spiel), während dasselbe Kind für Ältere aufgrund bestimmter Persönlichkeitszüge als Partner in Frage kommt (Boggiano et al. 1986).

Die Suche nach individuellen Voraussetzungen für Freudschaftsbeziehungen mag letztlich auch deshalb wenig ergiebig gewesen sein, weil man meistens davon ausging, daß früher gemachte Erfahrungen mit anderen sich auch in neuen Situationen auswirken. Es sind nämlich vermutlich nicht so sehr die Erfahrungen selbst, die gegenwärtiges Verhalten beeinflussen, sondern die Art und Weise, in der sich Kinder eigene und fremde Verhaltensweisen erklären, die zu diesen Erfahrungen geführt haben. Man spricht hier auch von sog. Kausalattribuierungen, mit denen einem bestimmten Verhalten eine bestimmte Ursache zugeschrieben wird und die ein Kind in ähnlichen Situationen gewohnheitsmäßig verwendet. Der Einfluß solcher gewohnheitsmäßigen Attribuierungen auf Kontaktaufnahmen wurde in einer Untersuchung dargestellt (Goetz u. Dweck 1980):

> Schüler 4. und 5. Klassen, die Interesse an einem Brieffreundeclub zeigten, sollten zum Zweck der Kontaktaufnahme einen Brief an einen unbekannten Partner auf Kassettenrecorder diktieren. Der (erwachsene) Interviewer, der angeblich mit einem Komiteemitglied des Clubs in Funkverbindung stand, vermittelte daraufhin dem Kind eine milde Zurückweisung und forderte es auf, einen neuen Brief zu schreiben. Diejenigen Kinder, die ihre Zurückweisung auf persönliche Inkompetenz zurückführten (wozu kein Anlaß bestand), verzichteten entweder auf einen neuen

Versuch der Kontaktaufnahme oder beharrten in ihrem zweiten Brief weitgehend bei der gleichen Information über sich. Kinder, die unverträgliche Merkmale als Grund für die Zurückweisung hielten, teilten meist neue Information über sich mit. Und Kinder schließlich, die die Zurückweisung einer Zufallslaune zuschrieben, versuchten mit dem abweisenden Clubmitglied direkt in Kontakt zu treten; sie wollten selbst über Funk sprechen.

Obwohl wir es in diesem Experiment mit einer recht künstlichen Situation zu tun haben, lassen die Ergebnisse erkennen, daß Kontaktschwierigkeiten nicht nur entstehen können, wenn einem Kind bestimmte Merkmale oder soziale Fähigkeiten fehlen, sondern auch, wenn es negative Attribuierungsgewohnheiten hat, die möglicherweise aufgrund früherer, häufiger Zurückweisungen herausgebildet wurden.

Zusammenfassung

Ob ein Kind als Freund in Betracht kommt, hängt nicht nur von seinen Merkmalen ab, sondern auch von internen Bedingungen des »Wählers«.

Art und Häufigkeit der Beziehungen eines Kindes werden anscheinend von seiner »interpersonalen Orientierung« beeinflußt, von seinen Erfahrungen, von der Art seiner Mutterbindung, der Beziehung zu seinen Eltern, seinen sozialen Bedürfnissen, von der Art seiner Erklärungen für das Verhalten von anderen ihm gegenüber.

Es handelt sich hierbei meist um recht globale Merkmale, deren Bedeutung für die Entstehung oder Fortführung in der Freundschaft keineswegs als gesichert gelten kann.

6 Umwelt und Freundschaft

Wir haben bisher so getan, als hinge das Zustandekommen einer Freundschaft nur von den Merkmalen und individuellen Voraussetzungen der beteiligten Kinder ab. Wenn wir uns an die Entstehung unserer eigenen Freundschaften erinnern und beobachten, wie Kinder auf Spielplätzen oder im Kindergarten Beziehungen zu Gleichaltrigen anknüpfen und wie Eltern auf die Freunde und Spielkameraden ihrer Kinder reagieren, dann wird schnell klar, daß eine Reihe von Umständen Aufnahme und Entwicklung einer Freundschaft behindern oder fördern können, auf die Kinder keinen Einfluß haben.

Nachbarschaft und Schule

Ihre Spielkameraden und Freunde finden Kinder vor allem in Kindergärten, Schule und Nachbarschaft (Levinger u. Levinger 1986; Newson u. Newson 1978; Schmidt-Denter 1984). Freunde wohnen näher beieinander als Nicht-Freunde und haben oft den gleichen Schulweg (Clark u. Drewry 1985; Seagoe 1933).

Da für gewöhnlich ein ganzes Wohngebiet zum Einzugsbereich einer Grundschule gehört, kommen auch Kinder, die bereits vor Schulbeginn Freunde waren, in

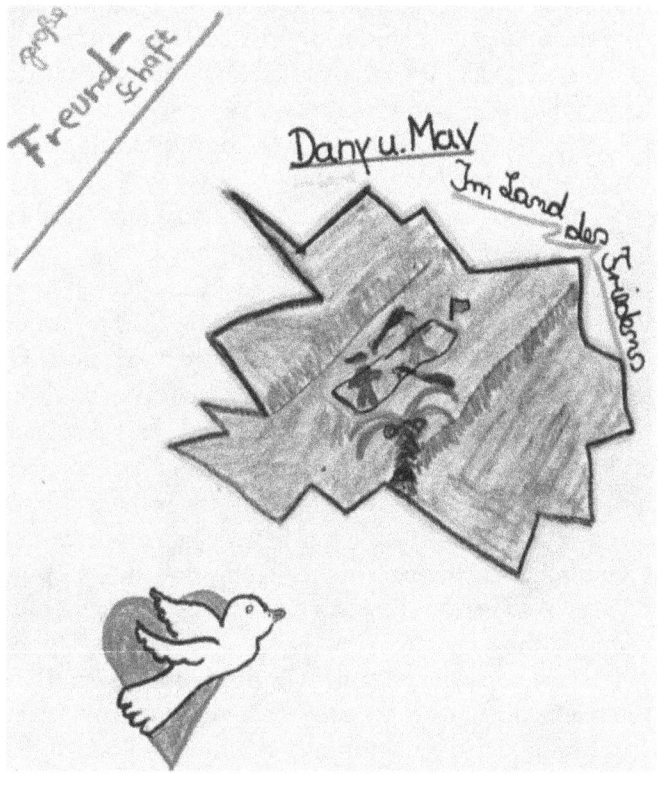

dieselbe Klasse; andere entdecken erst in der Schule, daß sie einen ähnlichen Schulweg haben und nicht weit voneinander entfernt wohnen. Die in Schule wie Nachbarschaft vorhandene räumliche Nähe erleichtert die Aufnahme von Kontakten ebenso wie die Fortführung angeknüpfter Beziehungen, vor allem bei Jüngeren. Mit zunehmendem Alter jedoch sind Kinder immer weniger darauf angewiesen, daß ihre Freunde in der Nachbarschaft wohnen, da sie größere Entfernungen auch ohne Hilfe von Erwachsenen überbrücken können (DeVault 1957). Gerade bei Jüngeren kann die geographischräumliche Gliederung eines Wohngebietes gemeinsame Unternehmungen beeinträchtigen oder gar verhindern. Starker Verkehr läßt Straßen zu Barrieren werden, die Kinder alleine nicht oder kaum überwinden können. Fehlende Spielplätze verhindern, daß Treffpunkte für größere Gruppen entstehen.

In einer amerikanischen Untersuchung spielten Kinder eher im eigenen Garten und mit Geschwistern, wenn die Grundstücke nicht offen lagen, sondern durch Zäune und Sträucher voneinander abgegrenzt waren (Berg u. Medrich 1980). Außerdem waren Freundschaften in dünn besiedelten Gegenden mehr formell als in dichter besiedelten Gebieten, d.h. Freunde besuchten einander seltener spontan, sondern erst auf Einladungen hin. Auch die Enge der Beziehungen war von der Wohndichte beeinflußt: Bei dichterer Besiedelung erwiesen sich Freundschaften häufiger als beiläufig und flüchtig und seltener auf Gleichaltrige beschränkt als in dünner besiedelten Wohngebieten.

Nachbarschafts- und Wohnverhältnisse sind als Rahmenbedingungen zu verstehen, die das Anknüpfen von Kontakten erleichtern oder erschweren können. Sie sind keine Garantie dafür, daß im günstigen Fall Freundschaften entstehen und im ungünstigen verhindert werden.

Wenn in naher Umgebung genügend Gleichaltrige vorhanden sind, ein Kind aber keinen Anschluß findet, so wird man das Verhalten, die Kontaktwünsche und das Freundschaftsverständnis des Kindes und seiner Eltern sowie die der anderen Kinder genauer beleuchten müssen, um Abhilfe zu schaffen. Wenn dagegen keine potentiellen Spielpartner in der Nähe wohnen, ist häufig die Aktivität der Eltern gefordert, wenn sich die soziale Situation ihres Kindes verbessern soll.

Eltern, Lehrer, Gleichaltrige

Eltern können auf vielfältige Weise die sozialen Beziehungen ihrer Kinder beeinflussen – vor allem wenn diese noch jünger sind: Sie können die Anbahnung von Kontakten und ihrer Fortsetzung erleichtern, indem sie eine kinderreiche Wohngegend wählen, indem sie ihr Kind zu Spielplätzen begleiten und zu Freunden bringen oder Spielkameraden und Freunde zu sich nach Hause einladen. Sie können ihrem Kind konkrete Anweisungen geben, wie es Kontakt aufnehmen soll (»Wirf dem Kind deinen Ball zu«) oder wie es Konflikte lösen soll (»Ihr könnt doch abwechselnd Rad fahren«). Sie führen jedoch nicht nur Kontakte herbei und lassen Beziehungen zu Freundschaften wachsen, sondern suchen auch Kontakt zu verhindern, indem sie bestimmte Orte meiden. Sie greifen direkt in eine außerhalb ihrer Aufsicht entstandene Freundschaft ein, indem sie ihren Abbruch fordern, aber auch indirekt, indem sie wegziehen.

Es sind besonders Mütter aus der Mittelschicht, die sich für den Umgang ihrer Kinder interessieren: Sie wählen ihnen geeignet erscheinende Freunde aus und lehnen ungeeignete ab (Newson u. Newson 1978; Schmidt-Denter 1984). Bei ihren Entscheidungen lassen sie sich davon leiten, ob die anderen Kinder sauber sind und keine unanständigen Ausdrücke verwenden, aber auch ihr Geschlecht und ihre soziale Herkunft sind von Einfluß. Mütter sind aktiver als Väter, wenn es darum geht, das Spielverhalten ihrer Kinder mit einem Freund (zu Hause) zu überwachen und aufrechtzuerhalten und für ihre Kinder Kontaktmöglichkeiten durch die Auswahl von bestimmten Freizeitveranstaltungen herbeizuführen (Ladd u. Golter 1988; O'Donnell u. Stueve 1983; Stendler 1947).

Allerdings unterscheiden sich Mütter in der Häufigkeit ihrer Initiativen sehr stark voneinander (Ladd u.

Golter 1988). In dieser Studie wurden auch zum ersten Mal Auswirkungen elterlicher Einflußnahme untersucht: Kinder, deren Eltern häufiger die Initiative ergriffen, um Kontakte für sie herbeizuführen, hatten eher mehr Spielgefährten sowie stabilere außerschulische Beziehungen zu Gleichaltrigen. Jungen mit derart aktiven Eltern wurden von ihren Peers häufiger akzeptiert und seltener abgelehnt. Kinder von Eltern, die ihre Beziehungen direkt überwachten, waren in ihrer Gruppe weniger angepaßt: sie erfuhren mehr Ablehnung und weniger Akzeptanz und wurden von den Erzieherinnen als feindselig-aggressiv gegenüber ihren Kameraden beschrieben.

Der indirekte Einfluß von Eltern auf die Sozialbeziehungen ihrer Kinder vollzieht sich vermutlich über Beobachtungslernen: elterliches Verhalten stellt dabei ein Modell dar, das vom Kind in seinen eigenen Beziehungen, bis zu einem gewissen Grade, nachgeahmt wird.

So konnte z.B. festgestellt werden, daß Mütter mit befriedigenden Sozialkontakten sozial kompetentere Kinder hatten: sie zeigten reifere Formen sozialen Verhaltens und sozial-kognitiver Fertigkeiten und waren in ihrer Gruppe beliebter (Murray et al. 1983; zit. n. Parke u. Bhavnagri 1989). Außerdem hatten Kinder mehr Freunde, wenn Kooperation und Konfliktlösung in der Familie auf einem höheren Niveau erfolgten und ihre Eltern über ihre Freunde gut informiert waren (Krappmann u. Oswald 1990). Da diese Faktoren jedoch erheblich geringere Bedeutung hatten als das Verhalten der Kinder selbst, werden sie als »familiärer Hintergrund« interpretiert, der eine sichere Ausgangsbasis bietet, um sich mit Gleichaltrigen auseinanderzusetzen. Die Dauer von Beziehungen wird ebenfalls beeinflußt: Kinder im Vorschulalter blieben während der Sommerferien eher miteinander in Kontakt und führten ihre Freundschaft (zumindest) über 1 Jahr lang fort, wenn auch ihre Eltern Freunde waren

(Schiavo u. Solomon 1981; Schiavo et al. 1981; zit. n. Parke u. Bhavnagri 1989).

Was und wieviel Eltern für die soziale Entwicklung ihres Kindes tun, dürfte davon abhängen

- für wie wichtig sie Beziehungen zu Gleichaltrigen halten (etwa unter dem Gesichtspunkt der Erziehung zur Unabhängigkeit und Kooperation),
- welcher Art von Freunden sie den Vorzug geben (Alter, Geschlecht, sozialer Hintergrund, Verhalten etc.),
- wie die Freundschaften beschaffen sein sollen (enge oder lockere, kurzfristige oder dauerhafte, in die Familie integrierte oder nichtintegrierte Freundschaften usw.).

Nicht zuletzt wird ihr Verhalten davon bestimmt sein, wie sehr sie davon überzeugt sind, in das Sozialleben ihrer Kinder eingreifen und es kontrollieren zu müssen. Ihre Meinungen und Einstellungen können von eigenen Kindheitserfahrungen geprägt sein, aber auch von ihrer Erfahrung in der Erziehung von Kindern. Da die Bedeutung, die Eltern bei den Freundschaften ihrer Kinder zukommt, erst in den letzten Jahren Beachtung gewonnen hat, ist die Forschung über einige bescheidene Daten noch nicht hinausgelangt (Rubin u. Sloman 1984).

Noch weniger gut untersucht ist die Rolle des *Lehrers*. Einige frühe, wenn auch unsystematische Beobachtungen an Grundschulkindern haben gezeigt, daß der Lehrer die Attraktivität eines Kindes als potentieller Freund dadurch herabsetzen kann, daß er es tadelt oder bestraft oder ihm einen anderen Sitzplatz zuweist (Reininger 1929; Schaar 1937). Umgekehrt kann der Lehrer eine positive Wirkung erzielen, indem er die soziale Stellung eines Kindes und damit zugleich auch seine Beliebtheit erhöht (Glidewell et al. 1966).

Es sind die Mitglieder der Peergruppe, die den sozialen Rang des einzelnen festlegen und zum Teil eifersüchtig darüber wachen, daß diese Rangordnung nicht durchbrochen wird. Die ständigen Beobachtungen des Verhaltens und der Beziehungen der einzelnen Gruppenmitglieder machen Kinder quasi zu sozialen Experten des Gruppengeschehens. Sie wissen, wer mit wem befreundet ist und versuchen nicht selten – wie Lehrer beobachten oder wie Eltern den Gesprächen mit ihren Kindern entnehmen können – Freunde einander abspenstig zu machen oder auch einfach abzuwerten. Selbst wo dies nicht gelingt, kann es doch zur Beunruhigung oder Erschütterung einer Freundschaft führen. Im anderen Fall dagegen kann eine Freundschaft der Anlaß zur Bildung einer neuen Freundschaft sein, indem der Freund des Freundes zum eigenen Freund wird.

Räumlichkeiten und Spielzeug

Räumliche Verhältnisse stellen einen äußeren Rahmen für die Art möglicher Interaktionen von Kindern dar und vermögen somit auf indirekte Weise Einfluß auf ihre Beziehungen zu nehmen.

Größere Räume (bzw. eine geringere soziale Dichte) begünstigen Spiele, die mehr Platz benötigen wie Rennen und Hinterherjagen (Smith u. Connolly 1981). Die Anwesenheit von vielen Kindern in einem Raum nötigt dagegen zu anderen Spielen und Begegnungen. Bei einem entsprechenden Vergleich bei zwei- bis vierjährigen Kindergartenkindern wurde festgestellt, daß höhere soziale Dichte die Häufigkeit von Körperkontakt vermehrte, ohne daß es zu Veränderungen im sozialen oder aggressiven Verhalten kam (Smith u. Connolly 1981). Ob unterschiedliche Dichte zur Entstehung verschiedener Beziehungen beiträgt, wissen wir nicht. Man könnte argumentieren, daß Jungen sich in größeren Räumen wohler fühlen als Mädchen, da sie dort die von ihnen bevorzugten Gruppenspiele spielen und entsprechend viele Bindungen zu anderen eingehen können (Lever 1976), während Mädchen sich in Räumen wohlfühlen, die ihnen Gelegenheit zu engem Kontakt mit wenigen anderen Geschlechtsgenossinnen geben (s. Kap. 7, Abschnitt »Extensität«).

Eine andere Art räumlicher Bedingungen liegt vor, wenn Kinder eine Freizeitunterkunft beziehen, in der sie mit anderen zusammenleben müssen. Acht- bis Dreizehnjährige, die während eines Sommerlagers in Hütten mit 2 Abteilen wohnten, gaben an, solche Kinder als Freunde vorzuziehen, die mit ihnen im selben Abteil untergebracht waren (Campell u. Yarrow 1958). Allerdings wissen wir nicht, wie eng diese Beziehungen waren und ob sie über die Ferienzeit hinausreichten.

Von möglicherweise größerer Bedeutung für die Art von Beziehungen (zumindest bei kleinen Kindern) könnte die Art des zur Verfügung stehenden Spielzeugs sein.

In einer Untersuchung an 18 Monate alten Kinderpaaren wurden Beobachtungen in 4 verschiedenen Situationen angestellt:

- mit kleinem Spielzeug (kleine Bälle, Xylophon etc.),
- mit großem und nicht tragbarem Spielzeug (z.B. eine Rutschbahn),
- mit beiderlei Art von Spielzeug,
- ohne Spielzeug.

Positive Gefühle äußerten Kinder unter den Bedingungen größeres und kein Spielzeug. *Negative Emotionen* waren bei kleinem Spielzeug stärker als bei großem und bei großem und kleinem zusammen. Interaktionen mit dem Partner waren wesentlich häufiger, wenn keine oder nur große Spielsachen zur Verfügung standen, am geringsten bei kleinem Spielzeug, an dem die Kinder herummanipulieren konnten (DeStefano 1976; zit. n. Vandell u. Mueller 1980).

Ein Zusammenhang zwischen sozialem Verhalten und der Art des vorhandenen Spielzeugs konnte auch bei zwei- bis vierjährigen Kindern festgestellt werden (Smith u. Connolly 1981): Sie spielten häufiger in kleinen Gruppen oder allein, wenn sie mehr Spielsachen erhielten. Obwohl sie es seltener mit anderen teilten, ging das aggressive Verhalten zurück. Hatten die Kinder nur großes Spielzeug zur Verfügung, so kam es öfter zu körperlichen und sozialen Aktivitäten, während bei überwiegend kleinen Spielsachen eine Abnahme grobmotorischen Verhaltens und eine Zunahme von Manipulationen am Gegenstand beobachtet wurden.

Die bisher vorliegenden Daten beziehen sich auf situative Gegebenheiten, die zweifellos das soziale Verhalten beeinflussen, ohne daß wir jedoch bereits sagen könnten, daß es sich auch auf Entstehung und Fortführung von Freundschaften auswirkt.

Sie geben jedoch Hinweise darauf, wie man durch Bereitstellung geeigneten Spielzeugs das Anknüpfen von Kontakten unter einander fremden Kindern erleichtern kann.

Zusammenfassung

Eine Reihe verschiedenartiger Faktoren der kindlichen Umwelt tragen dazu bei, welche Beziehungen entstehen und aufrecht erhalten werden.

Kinder haben vor allem Nachbarschaftsfreundschaften sowie Freundschaften, die durch die indirekten Vermittlungen der Schule entstehen. Art und Umfang dieser Beziehungen hängen dabei von der räumlichen Gliederung des Wohngebietes und seiner Dichte ab, wobei vor allem jüngere Kinder betroffen sind, da sie bestimmte »Barrieren« ohne Hilfe der Eltern nicht überwinden können.

Eltern nehmen auf vielfältige Weise Einfluß auf die Freundschaften ihrer Kinder: sie führen Kontakte herbei, überwachen sie (besonders bei jüngeren Kindern), dulden sie, lehnen ihnen ungeeignet erscheinende Freunde ab usw. Es sind vor allem Mittelschichtmütter, die hierbei aktiv werden. Sie können indirekten Einfluß als Verhaltensmodell nehmen: durch die Art ihrer Sozialbeziehungen, die Art von Konfliktlösungen in der Familie, die Beziehung zu den Eltern des Freundes.

Die Rolle, die der Lehrer bei der Anbahnung und Fortführung der Freundschaft seiner Schüler spielt, ist kaum untersucht, die der Gleichaltrigen überhaupt nicht.

Die unterschiedliche Größe und soziale Dichte von Räumen ermöglichen verschiedene Arten von Aktivitäten, die ihrerseits die Art der Beziehung mitbestimmen können. Bei Kindergartenkindern vermag man über die Art und Anzahl des bereitgestellten Spielzeugs Verhalten und Gefühle der Spielpartner zu beeinflussen.

7 Neulinge in Kindergarten und Schule

Für Kinder im Vorschulalter bildet der Kindergarten dasjenige räumliche und soziale Umfeld, in dem sie täglich für mehrere Stunden mit einer größeren Gruppe Gleichaltriger zusammenkommen, und das daher für die Entstehung sozialer Beziehungen besonders geeignet erscheint. Anders als Spielplätze, deren Nutzung von einer Vielfalt zufälliger Faktoren abhängt (der Verfügbarkeit von Eltern oder Großeltern, der räumlichen Distanz vom Elternhaus, aber auch vom Wetter), bietet die Regelmäßigkeit des Kindergartenbesuchs, die relativ stabile Zusammensetzung der Gruppen sowie die größere räumliche Begrenzung sowohl die Möglichkeit zur Anknüpfung freundschaftlicher Kontakte als auch die Notwendigkeit der Interaktion mit Kindern, die man nicht mag oder gar ablehnt.

In der Schule haben wir es mit (strukturell) ähnlichen Verhältnissen zu tun: mit der Kontinuierlichkeit des Zusammenseins in einer bestimmten Gruppe, die das Kind sich nicht aussuchen konnte und die ebenfalls die Möglichkeit zu einer Vielfalt sozialer Beziehungen eröffnet.

Wie verhalten sich Kinder in einer für sie neuen und fremden Situation?

Dies sind gleichsam prototypische soziale Situationen, die heutzutage fast jedes Kind in unserer Gesellschaft erfährt. Die systematische Beobachtung in solchen Situationen kann uns daher Aufschluß geben, ob Kinder dabei ganz bestimmte Verhaltensmuster erkennen lassen, ob sie sich typischerweise darin voneinander unterscheiden und wie lange es dauert, bis sie sich der unvertrauten Situation angepaßt haben.

Eintritt in den Kindergarten

Was tun Kinder, wenn ihre Mütter oder Großmütter sie der Obhut einer Erzieherin übergeben haben und sie sich zum ersten Mal einer lauten und lärmenden Schar unbekannter Kinder gegenüber sehen?

Um Genaueres über kindliches Verhalten in einer solchen Situation zu erfahren, wurden 6 Jungen und 6 Mädchen während der ersten 5 Tage ihres Kindergartenbesuchs beobachtet (McGrew 1972a,b). Die Dreijährigen waren einzeln eingeführt worden, so daß jeweils ein neues Kind sich in einer Gruppe miteinander vertrauter Kinder befand. Allerdings war den Kindern die Situation und das vorhandene Spielzeug durch vorangehende Besuche bekannt.

Am ersten Tag war das Kind gehemmt und schüchtern, verharrte sitzend oder stehend an derselben Stelle und beobachtete dabei die anderen Kinder, wich aber deren Blicken aus und beantwortete Fragen von anderen für gewöhnlich nur mit einem Nicken oder Schütteln des Kopfes. Situationen, die zu Streit hätten führen können, wurden vermieden. In den folgenden Tagen nahm das ängstliche Erkunden der sozialen Umgebung allmählich ab: die Kinder begannen, sich in gemeinsame Aktivitäten einzulassen und immer mehr Spielkameraden kennenzulernen. Die Häufigkeit des Kontaktes zur Erzieherin blieb dagegen weitgehend unverändert.

Jungen waren anfangs häufiger unbeweglich als Mädchen und gingen oder liefen dementsprechend weniger umher, was als größere Ängstlichkeit interpretiert wird (McGrew). Mädchen dagegen sahen häufiger zu anderen hin als Jungen, was ebenfalls als Ausdruck von Unsicherheit und sozialer Ängstlichkeit gedeutet werden kann. Es ist somit möglich, daß Jungen wie Mädchen ähnlich viel Angst vor einer für sie neuen Situation empfinden, dies aber auf jeweils andere Art und Weise in ihrem Verhalten zum Ausdruck bringen. Dafür spricht auch, wie sich beide Verhaltensweisen in den ersten 4 Tagen veränderten: die »Beweglichkeit« der Jungen nahm zu, das »Hinschauen« der Mädchen nahm ab.

Nachzutragen ist, daß Neulinge in den ersten Tagen des Kindergartenbesuchs auch räumlich eher isoliert sind: sie befinden sich in größerer Entfernung von anderen Kindern (McGrew u. McGrew 1972; Feldbaum et al. 1980). Da sich ihre Aufmerksamkeit vor allem auf die neue Umgebung richtet, sind sie selbst seltener mit Spielen beschäftigt, und wenn dies vorkommt, dann unabhängig von anderen Kindern (Feldbaum et al. 1980). Umgekehrt scheint sich auch die etablierte Gruppe anfangs nicht um die Neulinge zu kümmern (Wislitzky 1928). Kontakte mit anderen entstehen eher zufällig: durch das, was ein Kind tut oder durch einen Gegenstand wie z.B. ein Spielzeug.

Das Bemühen um Integration in die Gruppe scheint in der Eingewöhnungsphase jeden Tag aufs neue zu beginnen. Das zeigte sich darin, daß sog. Verhaltensperiodizitäten festgestellt werden konnten (McGrew 1972a): die Veränderungen des Verhaltens, die jeweils an einem Vormittag beobachtet wurden, glichen den gesamten Veränderungen über mehrere Tage. Unbeweglichkeit und »Automanipulation« (Nesteln an der Kleidung, Einrollen der Haare etc.) nahmen ab, Herumgehen und Herumlaufen nahm zu.

Wie lange die Eingewöhnungsphase dauert, läßt sich deshalb nicht exakt beantworten, weil der Integrationsprozeß in die Gruppe graduell verläuft und für verschiedene Kinder unterschiedlich lang ist (s.unten).

Jedenfalls scheint die Isolierung der Kinder nach wenigen Tagen beendet (Wislitzky 1928), und nach etwa 4 Wochen unterscheiden sich die Neuankömmlinge in ihrem Verhalten nicht mehr von den »älteren« Gruppenmitgliedern (McGrew u. McGrew 1972; Feldbaum et al. 1980).

Man kann den Kindergarteneintritt als streßauslösendes Ereignis betrachten (Haefele u. Wolf-Filsinger 1986), wobei der Eingliederungsprozeß in 3 Stadien abläuft:

- Im 1. Stadium, der Orientierungsphase, bemühen sich die Kinder darum, sich über die ablaufenden Interaktionen und die Rollenverteilung innerhalb der Gruppe zu informieren. Sie tun dies durch »so-

zialen Rückzug bzw. Distanz«, indem sie vor allem beobachten, was alles in der Gruppe vor sich geht.
- Das 2. Stadium beginnt bereits ab der 2. Woche: Die Kinder bemühen sich aktiv um Integration in die Gruppe, was zur Bedrohung bestehender Beziehungen und Rollen führt und daher Rivalitäten und Konflikte auslöst.
- Als Folge dieser Anstrengungen kommt es in der 3. und 4. Kindergartenwoche, dem 3. Stadium, zu einer »psycho-physischen Erschöpfung«.

Haefele und Wolf-Filsinger untersuchen außerdem *streßerleichternde* und *streßverstärkende Faktoren* beim Kindergarteneintritt.

Zunächst zu den Faktoren, die dem Kind die Umstellung auf den Kindergarten erleichtern. Neulinge finden sich schneller zurecht und können die sozialen Anforderungen besser bewältigen, wenn sie bereits andere Gruppenmitglieder kennen (Geschwister oder Kinder aus ihrer Nachbarschaft), wenn sie vor Kindergarteneintritt probeweise (mindestens 30 Minuten) am Gruppengeschehen teilnehmen durften und wenn ihre Eltern ihnen »ein realistisches Bild vom Kindergartengeschehen vermitteln konnten« (S. 104). Eine weitere erleichternde Bedingung, die gelegentlich festgestellt wurde, kann eine Gruppe älterer Mädchen sein, die sich der Neulinge annehmen und sich um sie kümmern. Wegen ihres bemutternden Verhaltens haben sie McGrew und McGrew »little mothers« genannt.

Wir können jedoch nicht davon ausgehen, daß jede Kindergartengruppe ihre »kleinen Mütter« oder ähnlich fürsorgliche Kinder hat, die den Neulingen die Eingliederung in ihre neue Gruppe so einfach machen.

Andere Faktoren scheinen dagegen die Übergangssituation eher zu erschweren.

Haefele und Wolf-Filsinger beobachteten stärkere Belastungen bei Neulingen, die andere Neulinge schon kannten; die sich den Kindergarten vor dem regulären Besuch angesehen hatten; deren Eltern sie auf den Kindergarten vorbereiteten und Kinder im Kindergarten hatten. Warum sich diese Umstände nachteilig auswirkten, geht aus der Auflistung der Autoren nicht hervor.

- Im ersten Fall könnte man vermuten, daß unsichere und ängstliche Kinder gegenseitig ihre Unsicherheit und Ängstlichkeit noch verstärken;
- im zweiten, daß ein nur flüchtiger Kindergartenbesuch mehr Unsicherheit herbeiführt als abbaut;
- im dritten, daß Eltern dem zweiten oder dritten Kind weniger Informationen vermitteln als dem ersten, deren Unzulänglichkeit daher eher Angst zu schüren als zu beseitigen vermag.

Ob diese Überlegungen das Richtige treffen, könnte allerdings erst eine umfangreichere Befragung der Eltern und genauere Beobachtung der Kinder ergeben.

Außer den genannten Faktoren gibt es noch eine Reihe weiterer *Stressoren*, aus der wir einige herausgreifen: Größere Eingliederungsschwierigkeiten hatten diejenigen Kinder,

- die vor dem Kindergarteneintritt Krankheiten durchgemacht hatten;
- deren Mütter sich weniger Zeit nahmen, mit ihnen zu sprechen, die wenig selbständig waren (sie trauten sich kaum etwas zu und durften selten für sich allein sein: »überbehütete« Kinder);
- »die im Elternhaus Konsequenz und daher Vorhersagbarkeit und Stabilität vermißten« (S. 105).

Wir wissen nicht, wie stark die einzelnen Stressoren die Eingliederung des einzelnen Kindes behindern und wie lange sie dies tun. Es erscheint jedoch plausibel anzunehmen, daß solche Kinder mehr und länger Eingewöhnungsschwierigkeiten haben, bei denen mehrere der genannten Faktoren zusammenkommen.

Eine weitere Beobachtung bei Kindergarteneintritt ist, daß Neulinge oft den Eindruck machen, als verhielten sie sich auf einmal wie jüngere Kinder mit weit weniger entwickelten sozialen Fertigkeiten und Fähigkeiten. Man könnte daher vermuten, daß sie in ihrem Verhalten auf ein früheres Entwicklungsniveau zurückfallen, regredieren. Tatsächlich sieht das nur auf den ersten Blick so aus. Bei genauerer Beobachtung kann man nämlich feststellen, daß Neulinge etwa beim Rollenspiel und bei Gesprächen mit Gleichaltrigen Verhaltensweisen zeigen, über die jüngere Kinder noch gar nicht verfügen (Schmidt-Denter 1985b). Das bedeutet, daß die ungewohnte und unvertraute Situation für Neulinge ein Hemmnis darstellt, soziale Verhaltensweisen adäquat einzusetzen, über die sie bereits verfügen. Vielmehr sind sie so sehr damit beschäftigt, neue Informationen zu sammeln, daß sie nicht in der Lage sind, altersgemäß zu reagieren.

Schulanfang

Auch bei Schuleintritt findet sich das Kind in einer ihm unbekannten Gruppe wieder, in einem fremden Gebäude mit fremden Erwachsenen. Im Unterschied zum Kindergarteneintritt kennt der Schulanfänger in der Regel jedoch mehrere Mitschüler bereits vom Kindergarten her; vor allem aber sehen sich diesmal alle Kinder in der Situation des Neulings.

Beobachtungsstudien zum Schulanfang sind selten. In einer älteren Studie berichtet Reininger (1929) von einer Vielzahl von Beobachtungen an Schulneulingen, die in 12 Jungen-, 16 Mädchen- und 2 gemischten ersten Klassen in Wien vorgenommen wurden. Dabei gelangte man zu folgenden Ergebnissen:

Zu Anfang sind die Kinder meist abwartend und befangen und orientieren sich überwiegend am Lehrer. Nach 3 Tagen jedoch »scheint das bloße Nebeneinander für die meisten Kinder vorbei« (S. 8). Sie beginnen, Kontakt miteinander aufzunehmen, beschränken sich dabei allerdings zunächst auf den Sitznachbarn oder auf frühere Bekanntschaften. Nur wenige Neulinge (0,5 %) bleiben in den ersten Tagen ohne Partner. Es sind dies vor allem ängstliche Kinder, die auch in der Pause ihren Platz nicht verlassen und andere beobachten. Wenn ein anderes Kind auf sie zugeht, tun sie so, als bemerkten sie es nicht.

Sowohl Kinder, die Kontakte mit anderen anstreben, als auch Kinder, deren Kontakt gesucht wird, wurden sog. »Typen« zugeordnet: Beziehungen zu anderen wünschten »1. *Führende*, 2. *Soziale Helfer*, 3. *Bemutternde*, 4. *Machthaber*, 5. der *gesellige Durchschnittstypus*, 6. eine Gruppe sehr verschieden gearteter Kinder, die das Gemeinsame haben, daß ihr *Kontaktstreben* nicht zum Ziele führt, *erfolglos* bleibt« (S. 14). Bemutternde finden sich vor allem bei den Mädchen. Sie stellten die dauerhaftesten Beziehungen her. Erfolglos waren anscheinend Kinder mit schlechten Schulleistungen oder körperlichen Auffälligkeiten oder arme und schlecht gekleidete Kinder sowie solche, die einen verschlampten und nachlässigen Eindruck machten. Nicht nur die letztgenannte Kategorie, sondern die Aufzählung aller »Kontaktsucher« ist so umfassend, daß sie letztlich sehr wenig Information bietet: es scheinen nämlich fast alle Kinder zu sein, die sich einen Partner wünschen. Man fragt sich daher, was für Kinder es wohl waren, die keine Anstrengungen unternahmen, um Anschluß an andere zu finden. Etwas aufschlußreicher sind dagegen die Angaben über die Kinder, deren Gesellschaft gesucht wird. Es sind die Führenden, Beliebten und Sozialen Helfer. Von vorübergehendem Interesse ist der Umgang mit »Spezialisten«, »Spaßmachern« und »Situationshelden«.

Auf Ablehnung stießen demgegenüber außer den »Erfolglosen« Herrschsüchtige, Despoten, Schwindler, Spielverderber und Klatschsüchtige. Diese Beobachtungen illustrieren sehr deutlich, wie differenziert Erstkläßler innerhalb eines neu gebildeten Sozialgefüges wahrnehmen und handeln.

Andere Untersuchungen befassen sich mit der Umgewöhnung von Schulwechslern (meist Sitzenbleibern). Allerdings ist Art und Umfang dieser Studien nicht geeignet, uns hierzu sicheres Wissen zu vermitteln.

So zeigte sich z.B. in einer Studie an Erst- bis Sechstkläßlern (Ziller u. Behringer 1961), daß die Beliebtheit von Neulingen nach einer anfänglich günstigen Einschätzung abfiel, um 6 Wochen später das Ausgangsniveau zu erreichen: der »Neue« wird zunächst eher als Gast behandelt und man hält sich mit Bewertungen zurück. Der danach einsetzende Druck, klassenkonformes Verhalten zu zeigen, sowie Konflikte mit Mitschülern reduzieren danach seine Beliebtheit, die erst dann wieder größer wird, wenn seine Anpassung an die Norm erkennbar wird.

Diese Erklärung klingt plausibel, bleibt aber insofern unzulänglich, als sie die Reaktion der Klasse auf einen »mittleren« Schüler nachzuzeichnen versucht, den es nicht gibt. Bereits aus dieser Studie geht nämlich auch hervor, daß jüngere Kinder (Klassenstufe 1–3) und Mädchen sich schneller assimilierten als ältere und als Jungen. Außerdem gibt es Kinder, die auch nach einem längeren

Zeitraum (6 Monate) nicht akzeptiert sind, weil sie Schwierigkeiten haben, sich anzupassen und neue Freunde zu gewinnen (Ames 1953). Das lag vor allem daran, daß sie offenbar nicht wußten, wie man Bekanntschaften anknüpft. Diese Kinder blieben daher passiv: sie schienen zu warten, bis andere sie zur Kenntnis nahmen und die Initiative ergriffen. Viele gaben sich der vergeblichen Hoffnung hin, daß sie als Freund erwünscht seien, wenn sie sich vor allem ruhig und friedlich verhielten.

Aber auch aktive und integrationsbereite Kinder dürften Schwierigkeiten haben, in ihrer neuen Klasse akzeptiert zu werden, wenn ihnen die Klassenkameraden mit Voreingenommenheiten oder Vorurteilen entgegentreten (Schaller 1973). Und schließlich können die Mitglieder einer Klasse ein derart enges Zusammengehörigkeitsgefühl entwickeln, daß es jedem Neuankömmling schwerfällt, von ihnen angenommen zu werden.

Wie sich die Assimilation in eine Gruppe vollzieht, zeigt eine andere Studie (Phillips et al. 1951):

Es wurden 4 Gruppen von je 3 sechs- bis siebenjährigen Mädchen (= Kernmitglieder der Gruppe) gebildet, denen die räumliche Umgebung vertraut war, und die einander von der Schule her gut kannten. Zu jeder dieser Gruppen kam ein viertes Mädchen hinzu, dem sowohl die anderen Mädchen als auch der Beobachter als auch die Umgebung fremd waren. Die Kinder jeder Gruppe trafen sich einmal pro Woche zu einer halbstündigen Spielsitzung über einen Zeitraum von insgesamt 6 Wochen. Dabei konnte folgendes festgestellt werden: In jedem Fall war es das fremde und nicht eines der anderen Mädchen, von dem der Versuch zur Kontaktaufnahme ausging. Dabei bemühte sich das Kind, Äußerungen und Verhaltensweisen des aktivsten Mitglieds der Kerngruppe nachzuahmen. In der ersten Spielphase waren diese Versuche weit weniger erfolgreich (5 %) als in der letzten (25 %), während derartiges Verhalten bei Kernmitgliedern häufiger zum Erfolg führte (31 bzw. 36 %).

Der gesamte Prozeß der Assimilation in die Gruppe erfolgte in 5 Stufen:

- Das fremde Mädchen versucht Anschluß zu finden, indem es tut und sagt, was es zuvor an einem Mitglied der Kerngruppe beobachtet hatte.
- Es bemüht sich auf verschiedene Art und Weise, Einfluß auf Gruppenaktivitäten zu nehmen, wird jedoch ignoriert.
- Erste Erfolge der Beeinflussungsversuche stellen sich ein, da mindestens ein anderes Gruppenmitglied seinen Wünschen oder Aufforderungen nachkommt.
- Das neue Mitglied darf an Gruppenaktivitäten teilnehmen, sei es durch Beschluß oder schweigende Übereinstimmung.
- Das aufgenommene Mitglied regt Aktivitäten an und lenkt sie mit Erfolg.

Zwar unterliegt dieses Experiment gewissen Einschränkungen (wenige kleine Gruppen von Mädchen, die nur einmal pro Woche zusammen kamen), die es jedoch keineswegs so realitätsfern machen, wie es zuerst den Anschein hat. Denn auch innerhalb größerer Gruppen wie Schulklassen oder Kindergartengruppen kommt es häufig vor, daß ein Kind zu einer kleineren Gruppe von Kindern desselben Geschlechts Anschluß sucht, die es noch nicht oder erst ein wenig kennt, z.B. wenn ein Kind in eine Clique aufgenommen werden möchte. Vor allem Beobachtungen im Kindergarten (s. Kap. 8) führen uns Kontaktaufnahmen zu Kleingruppen vor Augen, wenngleich die Zusammensetzung der Gruppe sich häufig ändert.

Individuelle Unterschiede zwischen Kindern

Gruppenneulinge finden mit unterschiedlichem Erfolg Anschluß an die Gruppe: Mädchen integrieren sich schneller als Jungen, jüngere Kinder schneller als ältere, »Führende« sind erfolgreicher als Kinder mit körperlichen Auffälligkeiten etc. Ein wesentlicher Grund dafür ist wahrscheinlich weniger in den allgemeinen Merkmalen wie Geschlecht oder Alter zu sehen, sondern vielmehr in bestimmten Verhaltensweisen, die es manchen Kindern leichter als anderen machen, sich in einer neuen sozialen Umgebung zurecht zu finden. Die beobachteten Unterschiede zwischen Kindern werden bislang lediglich nach bestimmten »Typen« oder »Kategorien« geordnet, wie wir etwa aus der Untersuchung von Reininger (1929) ersehen können. Andere frühe Beobachtungen an Schulneulingen in der 1. Klasse haben zu einer Einteilung in 3 Gruppen geführt:

- »die Gruppe derer, die sich ziemlich sicher fühlen« sowie
- »die Gruppe der Schüchternen«,
- »dazwischen liegt die Gruppe solcher, die nach keiner Seite hin in ihrer Stellung zu Lehrer und Gesamtheit auffallen« (Rombach 1928, S. 373 f).

Auch Washburn (1932) unterscheidet 3 Anpassungstypen von Kindern, die sie am Tag ihres Kindergarteneintritts beobachtete:

- stark gehemmte Kinder, die unbewegt die anderen beobachten und auf ihre Annäherungsversuche nicht reagieren,
- Kinder, die überhaupt nicht gehemmt sind, sondern sich von Anfang an gleichsam wie zu Hause fühlen, und
- Kinder, die weder besonders gehemmt noch besonders impulsiv sind.

Die Ähnlichkeiten zwischen beiden Kategorisierungen sind auffällig, auch wenn wir berücksichtigen, daß es sich um erste und vorläufige Klassifikationen von Kindern handelt.

Individuelle Unterschiede zwischen Kindern werden in den Studien immer nur am Rande erwähnt (z.B. McGrew): Die Reaktionen der Neulinge im Kindergarten sind sehr verschieden und reichen von Weinen bis zur sofortigen Teilnahme am Spiel anderer.

Man hat in den 70er Jahren begonnen, Unterschiede im sozialen Verhalten kleiner Kinder mit angeborenen Temperamentsunterschieden zu erklären. Vor allem die erwähnte soziale Gehemmtheit wird mit dem Temperament von Kindern in Zusammenhang gebracht (s. Kap. 3). Auch wenn tatsächlich angeboren, heißt dies nicht, daß sie auch unveränderbar sei. Anscheinend bemüht sich ein Teil der Mütter, dieses soziale »Handicap« ihrer Kinder zu überwinden. Zumindest einige Kinder verlieren ihre Gehemmtheit, während umgekehrte Entwicklungen (von nichtgehemmt zu gehemmt) nicht festgestellt wurden (Kagan et al. 1984).

Wenn Eltern aber in der Lage sind, günstigere Voraussetzungen für den Eintritt ihres Kindes in eine Gleichaltrigengruppe zu schaffen, dürften sie ebenso dazu imstande sein, entsprechende Barrieren aufzubauen. Das mag von Gleichgültigkeit gegenüber gehemmtem Verhalten bis zur Ablehnung und Entmutigung der Teilnahme an sozialen Aktivitäten reichen.

Zusammenfassung

Viele Neuankömmlinge im Kindergarten zeigen ein typisches Verhaltensmuster: Sie verharren oft unbeweglich an einer Stelle, betrachten ihre neue Umgebung und beobachten das Verhalten der Gruppenmitglieder, sprechen kaum etwas und vermeiden Blickkontakt mit den anderen Kindern. Ihre sozialen Fähigkeiten und Fertigkeiten fallen nicht auf ein früheres Entwicklungsniveau zurück (Regressionshypothese), wie es den Anschein hat, vielmehr wird ihr Einsatz durch die Anforderungen der neuen Situation zunächst gehemmt (Inhibitionshypothese).

Die durch unsicheres und zögerndes Verhalten gekennzeichnete Eingangsphase wird nach wenigen Tagen von einer Phase aktiven Erkundens abgelöst, und in der Regel sind die Neulinge nach ca. 4 Wochen nicht mehr von den älteren Gruppenmitgliedern zu unterscheiden.

Die Eingewöhnung in den Kindergarten kann durch verschiedene Faktoren erleichtert werden (z.B. durch das Vorhandensein bemutternder Mädchen) oder erschwert werden (z.B. durch anerzogene Unselbständigkeit).

Auch bei Schulanfängern findet sich ein ähnlich gehemmtes Eingangsverhalten. Unter Schulwechslern haben es jüngere Kinder und Mädchen leichter als ältere Kinder und Jungen, sich der neuen Situation anzupassen.

Individuelle Unterschiede im Verhalten in unvertrauten Situationen sind seit langem bekannt, aber nicht weiter untersucht worden.

8 Annäherungsversuche unter Kindern

Was tun Kinder, wenn sie ein anderes Kind kennenlernen oder mit ihm spielen wollen oder wenn sie in einer kleinen Gruppe von 2 bis 4 Kindern mitmachen möchten? Über welche Verhaltensweisen verfügen Kinder im Kindergarten- und Schulalter, welche »Strategien« setzen sie ein, um Kontakt aufzunehmen? Und wie erfolgreich sind sie damit?

Die Forschung hat diese Fragen mit Hilfe von standardisierten und von Feldbeobachtungen zu beantworten versucht. Im ersten Fall sucht man Kinder unter bestimmten Gesichtspunkten aus, die man kontrollieren will (wie z.B. Alter, Geschlecht, Vertrautheit), läßt sie für eine gewisse Zeit in einem mit Spielzeug ausgestatteten Raum miteinander allein und beobachtet (meist durch eine Einwegscheibe), wie sie sich zueinander verhalten. Man bedient sich dieser Methode vor allem dann, wenn es unter natürlichen (Alltags-) Bedingungen schwierig oder zeitlich sehr aufwendig wäre, bestimmte Beobachtungen anzustellen, z.B. wenn man erfahren möchte, wie 2 einander unbekannte Kinder Kontakt miteinander aufnehmen. Schwierigkeiten treten aber auch auf, wenn man das Sozialverhalten von Schülern beobachten möchte, wozu sich entweder die Pausen oder die schulfreie Zeit anbieten, in der die Kinder für den Beobachter entweder

nicht zugänglich oder ihre Aktivitäten so weit verteilt sind, daß sie sich genauerer Beobachtung weitgehend entziehen. In diesen Fällen verwendet man daher vorzugsweise standardisierte Beobachtungsmethoden.

Bei jüngeren Kindern dagegen, im Kindergarten, wo sich die meisten Aktivitäten der Gruppenmitglieder in einem Raum abspielen und das Verhalten weit weniger als in der Schule auf einen Erwachsenen hin orientiert ist, sind die den Forscher interessierenden Verhaltensweisen direkt im »Feld« beobachtbar und werden daher auch überwiegend schriftlich oder auf Videofilm festgehalten.

Wie nehmen Kindergartenkinder Kontakt auf?

Jüngere Kinder bevorzugen materielle Kontaktaufnahmen, indem sie z.B. dem anderen Kind ein Spielzeug reichen, während die älteren verbale Annäherungen unternehmen (Beaver 1932) – ein Befund, der angesichts der unterschiedlich weit entwickelten sprachlichen Ausdrucksfähigkeit der Kinder nicht weiter erstaunlich ist. Auch Körperkontakte (Anfassen, Berühren) sind bei Jüngeren häufiger, kommen jedoch insgesamt seltener vor. Die Häufigkeit, mit der Kinder Kontakte initiieren, ist individuell sehr unterschiedlich (Phinney u. Rotheram 1982), und nimmt mit dem Alter deutlich zu. Außerdem gibt es Kinder, die mit allen in Kontakt zu kommen versuchen, während andere ihr Interesse auf wenige Kinder konzentrieren.

Kinder verwenden ganz verschiedene verbale »Techniken«, wenn sie Zugang zu einer Zielgruppe suchen (Parten 1932; die folgenden Zitate sind frei übersetzt). Kinder sprechen andere direkt an: »Darf ich mitspielen?« oder versuchen ihre Teilnahme indirekt zu erreichen, indem sie sich an die Erzieherin wenden: »Wo kann ich malen?« In einer subtileren Form äußern sie sich über die ablaufenden Spielaktivitäten der Kameraden: »Das ist toll! Was macht ihr da?« oder tun so, als ob sie als Spielpartner bereits akzeptiert wären: »Soll ich der kleine Bruder sein?« Eine weitere Alternative besteht darin, daß ein Kind seine eigene Gruppe bildet, indem es anderen Rollen in dem von ihm vorgesehenen Spiel zuweist oder indem es andere an Spielzeug zu interessieren versucht, das es von zu Hause mitgebracht hat.

Nach diesen frühen Studien ist das Thema »Kontaktinitiativen« fast 50 Jahre lang weitgehend unbeachtet geblieben, bis Ende der 70er Jahre erneut Untersuchungen einsetzen, die inhaltlich und methodisch über die damaligen Ansätze hinausgehen. Sie zeigen zum einen, daß Kinder noch über weitere Mittel der Kontaktaufnahme verfügen als bisher bekannt, und zum anderen, daß Kinder in der Lage sind, 2 und mehr Kontaktaufnahme-»Techniken« zu verknüpfen, so daß man von zwei- und mehrgliedrigen Sequenzen sprechen kann.

Einige der früher festgestellten Kontaktinitiativen finden sich auch in neueren Arbeiten: das Anbieten oder Zeigen eines Gegenstandes, meist eines Spielzeugs; um Erlaubnis fragen, mitzuspielen; Nachahmen von Gruppenverhalten; verbale Teilnahme an einem Spiel (vergleichbar etwa dem: »Soll ich der kleine Bruder sein?« bei Parten); Informationsfragen (z.B. »Was macht ihr da?«).

Außerdem geben Kinder den anderen Spielanregungen oder machen einfach mit; sie stellen irgendwelche Fragen (die nicht immer mit der jeweiligen Spielaktivität zu tun haben); fangen an, etwas über sich zu erzählen, das die anderen oft gar nicht hören wollen; zögern oder warten einfach ab, bis sie zum Mitspielen aufgefordert werden. Andere versuchen ihre Mitspiel-Wünsche energischer zu erreichen: Sie stören das Spiel der anderen, geben Befehle, äußern Herausforderungen oder werden gar körperlich aggressiv (Dodge et al. 1983; Phinney 1979; Phinney u. Rotheram 1982; Schmidt-Denter 1985a).

Welche Strategien setzen Kindergartenkinder bei der Kontaktaufnahme ein, welche davon verknüpfen sie zu zwei- und mehrgliedrigen Sequenzen, und wie erfolgreich sind sie damit?

In einer Untersuchung wurde im Laufe eines Jahres folgendes beobachtet (Corsaro 1979, 1981, 1985): Für gewöhnlich waren es einzelne Kinder, die bei einem Spiel von 2 oder mehr Kindern mitmachen wollten, was ihnen in der Hälfte der Fälle verweigert wurde. Am relativ häufigsten von den 15 festgestellten Zugangsstrategien waren die folgenden:

- *Nonverbaler Zugang:* die Kinder gingen in die Nähe der Spielzone oder in sie hinein, ohne ihre Teilnahme anzukündigen (z.B. mit einem: »Ich spiele jetzt die kleine Schwester«);

- *eine Variante des Spielverhaltens zeigen:* die Kinder spielten ähnlich wie die Gruppenmitglieder;
- *Unterbrechung:* die Kinder unterbrachen das Spiel der anderen;
- *Umkreisen der Spielzone;*
- *Anspruch auf einen Platz oder Gegenstand erheben.*

Der vierjährige Hans spielt im Sandkasten mit Schaufel, Sieb und Förmchen. Der gleichaltrige Martin kommt hinzu, nimmt sich ein Förmchen und sagt dazu: »Ich backe jetzt Kuchen.« Hans: »Laß das sein, das sind meine Förmchen.« Als Martin nicht gleich aufhört zu spielen, reißt er ihm das Förmchen aus der Hand und schubst ihn weg. Kurz darauf geht der ebenfalls vierjährige Sascha in den Sandkasten, sagt zu Hans: »Ich helfe dir beim Backen«, nimmt 2 Förmchen und beginnt, sie mit Sand zu füllen. Der in der Nähe stehende Martin nähert sich daraufhin wieder dem Sandkasten, offensichtlich um mitzuspielen. Hans: »Du nicht, nur Sascha!« Martin: »Ich will aber auch backen, wie Sascha!« Hans: »Nein, du darfst nicht backen, du bist nicht mein Freund!«.

Die Reaktionen auf diese Verhaltensweisen waren, wie nicht anders zu erwarten, sehr unterschiedlich: Störungen und Besitzansprüche wurden mit Zurückweisungen oder Zurechtweisungen beantwortet (in 81 bzw. 55 % der Fälle), nonverbaler Zutritt und Umkreisen der Spielzone wurden von allen ignoriert (52 bzw. 81 %), während das Variieren eines beobachteten Spielverhaltens eher zur Akzeptanz des Kindes führte (64 %).

Von anderen Zugangsstrategien, die eher dem Verhalten unter Erwachsenen glichen (die Bitte, mitspielen zu dürfen; Fragen zum Spiel; Begrüßung der anderen) und mehr positive Reaktionen hervorriefen, machten die Kinder selten Gebrauch.

Wenn man nur das einphasige oder eingliedrige Annäherungsverhalten der Kinder betrachtet, so wird etwa ein Drittel davon akzeptiert, ein Drittel ignoriert und ein Drittel zurückgewiesen. Das heißt aber nicht, daß die nichtakzeptierten Kinder ihre Zugangsversuche schon aufgeben, denn die Aufnahme in eine Spielgruppe vollzog sich häufig nach folgendem Muster: Ein erster Versuch mitzuspielen trifft zunächst auf Abweisung. Darauffolgende Zugangsversuche werden zuerst zurückgewiesen, führen schließlich aber zur Aufnahme des Kindes in die Spielgruppe, die ihm dann seine Rolle zuweist.

Etwa zwei Drittel der Zugangsstrategien bestanden aus »einfachen« Verhaltensweisen«, daneben kamen auch zweiphasige (22 %), dreiphasige (9 %) und vierphasige (4 %) Verhaltenssequenzen vor. Sie bestanden nicht immer aus verschiedenen Verhaltensweisen, sondern enthielten auch Wiederholungen von Taktiken. In der am häufigsten vorkommenden Zweiphasensequenz wurden die Taktiken »nonverbaler Zugang« und »eine Spielvariante zeigen« zeitlich miteinander verknüpft. Sie führte in 88 % aller Fälle zum Anschluß an die Gruppe.

Ein weiteres Ergebnis bestand darin, daß die Mitglieder der Spielgruppe die Kinder zunächst zurückwiesen, die mitspielen wollten. Hierbei handelt es sich um »Schutzstrategien«, die dazu dienen, Eindringlinge von der Spielzone fernzuhalten (Corsaro):

- Verbaler Widerstand ohne Rechtfertigung, z.B. »Du kannst bei uns nicht mitspielen« (sie wird nur beim ersten Zugangsversuch eingesetzt);
- Widerstand unter Bezugnahme auf willkürliche Regeln;
- Besitzansprüche, die sich auf Gegenstände oder einen Spielbereich beziehen;
- Widerstand wegen Platzmangel (z.B. »ist das Spielhaus bereits überfüllt«);
- Verleugnen einer Freundschaft.

Die Bezugnahme auf die Freundschaft zwischen 2 Kindern ist deshalb interessant, weil sie aus gegensätzlichen Gründen erfolgen kann. Das eine Kind droht die Aufkündigung der Freundschaft an: »Wenn du mich nicht mitspielen läßt, bin ich nicht mehr dein Freund!«, das andere verleugnet die Freundschaft, um dem ersten den Zugang zu verwehren: »Du bist gar nicht mein Freund«. Das kann gelegentlich dazu führen, daß 2 Freunde beide Strategien in derselben Situation verwenden.

Verschiedene Zugangsstrategien treffen also in unterschiedlichem Grade auf Akzeptanz und Ablehnung (Dodge et al. 1983; Phinney 1979; Phinney u. Rotheram 1982; Schmidt-Denter 1985a). Es gibt keine Art der Kontaktaufnahme, die immer erfolglos, und keine, die immer erfolgreich wäre. Merkwürdigerweise setzen Vorschulkinder nach Mißerfolgen keineswegs nur relativ erfolgreiche Kontaktstrategien ein, sondern verwenden weiterhin Strategien, die meist zu Ablehnung führen, obwohl sie aus eigener Erfahrung oder Beobachtung Gleichaltriger etwas über die Erfolgswahrscheinlichkeit verschiedener Kontaktinitiativen lernen könnten. Vielmehr ist es offenbar so, daß die Häufigkeit, mit der Zugangsstrategien benutzt werden, völlig unabhängig von ihrer Erfolgswahrscheinlichkeit ist (Phinney u. Rotheram 1982).

Da Kinder bereits im Vorschulalter zu erheblichen kognitiven Leistungen imstande sind, dürfte der Grund für ihr Kontaktaufnahmeverhalten kaum etwas mit ihrer Lernfähigkeit zu tun haben. Kinder lernen nämlich tatsächlich etwas aus ihrem Annäherungsbemühen, was ihr Verhalten erklären kann: *sie lernen, daß jede ihrer Verhaltensweisen zum gewünschten Ziel führt.* Es hat sich gezeigt (Corsaro 1981; Putallaz u. Gottman 1981a,b: Schulkinder), daß am Ende alle Kinder Zugang zu der von ihnen angestrebten Gruppe erhalten hatten. Aus lerntheoretischer Sicht werden anscheinend alle angewandten Kontaktstrategien intermittierend bekräftigt, das heißt nicht jedes Mal, sondern entweder nach mehreren Versuchen oder nach einer bestimmten Zeit, je nachdem, welche Verhaltensweise zufällig am Ende einer Reihe von Zugangsinitiativen steht und durch den Einlaß in die Gruppe »belohnt« wird.

Intermittierende Bekräftigung kann also erklären, warum Kinder auch solche Verhaltensweisen beibehalten, die beim ersten Annäherungsversuch überwiegend Ablehnung oder Ignorieren nach sich ziehen.

Kinder lernen aber zugleich noch etwas anderes: Da ihnen das Mitspielen zunächst in etwa der Hälfte der Fälle verweigert wird und erst weitere Aufnahmebemühungen zum Erfolg führen, dürfen sie nach einem gescheiterten Versuch nicht gleich aufgeben. *Sie müssen lernen, daß erst Beharrlichkeit zum Ziel führt.*

Mit Alltagsbeobachtungen im Kindergarten und Berichten von Kindern stimmen diese Ergebnisse nicht immer überein. Eltern, die Kinder dieses Alters haben, bekommen gelegentlich zu hören: »Mit dem oder der will keiner spielen« bzw. »Mit mir will keiner spielen«. Es gibt allerdings tatsächlich Kindergartengruppen, in denen kein Kind isoliert ist oder gemieden wird. Und wenn bisher davon nicht die Rede war, dann darf man nicht übersehen, daß nur in wenigen Gruppen Beobachtungen vorgenommen wurden, die von ihrer Zusammensetzung her nicht für alle Kindergartengruppen stehen können. Nur in einer Untersuchung (Beaver 1932) wird von Kindern berichtet, die dazu neigten, sich zurückzuziehen und sich auf selbstbezogene Aktivitäten zu beschränken, wenn ihre Annäherungen von anderen konstant ignoriert wurden.

Gibt es Kinder, die häufiger Ablehnung und Widerstand erfahren als andere? Und welche Bedingungen sind einer erfolgreichen Kontaktaufnahme förderlich oder hinderlich?

Wir können zunächst feststellen, daß über individuelle Unterschiede im Verhaltensrepertoire und in der Verwendung von Zugangsstrategien bisher – außer für das Schulalter – nichts bekannt ist. Es gibt aber einige Daten, die den Einfluß der Zugehörigkeit zu bestimmten »Gruppen« (eigentlich Merkmalsklassen) deutlich machen. Eine davon ist das Alter: Ältere Kindergartenkinder haben mit ihren Zugangsstrategien mehr Erfolg als jüngere, vor allem dann, wenn sie sich an jüngere Kinder wenden (Schmidt-Denter 1985a).

Eine andere Bedingung für den Einlaß in die Spielgruppe ist die Geschlechtszugehörigkeit. Wir wissen bereits, daß Kinder häufiger versuchen zu Angehörigen des gleichen als zu denen des anderen Geschlechts Kontakt aufzunehmen. Jedoch führt auch die Kontaktaufnahme bei Kindern vom anderen Geschlecht in der Hälfte der Fälle zum Ziel (Phinney 1979; Phinney u. Rotheram 1982). Dabei sind Jungen erfolgreicher bei Mädchen als Mädchen bei Jungen (Corsaro 1981; Schmidt-Denter 1985a).

Mädchen äußern häufiger Bitten und Fragen, machen aber weniger Vorschläge und bemühen sich seltener um Aufmerksamkeit als Jungen, was als stärkeres Nachgeben von Mädchen interpretiert wird (Phinney 1979). Von welchen Strategien Gebrauch gemacht wird, hängt jedoch nicht nur vom Geschlecht des Initiators ab, sondern vor allem von dem des angestrebten Spielpartners. Jungen wie Mädchen sind körperlich häufiger aggressiv, wenn sie es mit einem Jungen, als wenn sie es mit einem Mädchen zu tun haben. Gegenüber Mädchen treten Jungen öfter in dominanter Weise auf, indem sie Befehle erteilen oder sich in einer »besitzergreifenden Weise« verhalten (berühren, einfach mitspielen usw.), was sie bei Partnern des eigenen Geschlechts seltener tun. Mädchen begnügen sich dagegen eher mit Ratschlägen und der Weitergabe von Information (Phinney u. Rotheram 1982). Das direktere und stärker fordernde Verhalten von Jungen wird mit deren höherer sozialer Position, die ihnen von beiden Geschlechtern zugeschrieben wird, interpretiert.

Von der gesellschaftlichen »Position« des Geschlechts ist es kein allzu großer Schritt zur individuellen Position innerhalb einer Gruppe. Bei der Beobachtung des Zugangsverhaltens eines Kindes zu einer Zweiergruppe zeigte sich, daß Kinder mit unterschiedlichen Beliebtheitsgrad offenbar nicht verschiedene Eintrittsstrategien beherrschen, sondern sie »lediglich« anders einsetzen (Dodge et al. 1983).

Der Erfolg von Kontaktaufnahmeversuchen im Vorschulalter hängt aber auch noch von einer ganz anderen Bedingung ab: *dem Besitz von Freunden.*

Einerseits kann an die Freundschaftsbeziehung appelliert werden, um Einlaß in die Gruppe zu erhalten, der andererseits unter Verleugnung der Freundschaft gelegentlich auch verwehrt wird. Der Umstand aber, daß ein Freund bereits Mitglied der angestrebten Spielgruppe ist, kann den Zugang auch erheblich erleichtern, indem das mitspielende Kind sich für den Freund einsetzt (Howes 1987).

Aber nicht nur eine bestehende Freundschaft vermag den Kontakt mit anderen Kindern beschleunigt herbeizuführen, sondern auch der Wunsch nach einer engeren Beziehung seitens des Kontaktpartners: Vorschulkinder hatten mehr Erfolg mit ihrer Kontaktinitiative, wenn sie vom anderen zum Freund gewünscht wurden, und erfuhren um so eher Zurückweisung, je stärker sie als

Freund abgelehnt wurden (Howes 1987). Die Bedeutung dieser banal anmutenden Feststellung liegt darin, daß auch Kinder ohne den Eintritt geeigneter Kontaktstrategien und ohne große Beharrlichkeit Freunde gewinnen können, wenn sie auf ein Kind treffen, das sie mag. Leider können wir nicht einmal Vermutungen darüber anstellen, wie solch ein potentieller Freund aussehen müßte, um Kindern ohne Freunde die Aufnahme von Beziehungen zu erleichtern.

Kontaktaufnahmen im Schulalter

Es ist bemerkenswert, daß die wohl frühesten Beobachtungen zur Kontaktaufnahme von Schulkindern in einer natürlichen Umgebung angestellt wurden, nämlich in der Schule während der Pausen (Reininger 1929). Obgleich das Vorgehen wenig systematisch war und es im Belieben der teilnehmenden Lehrer stand, welches Verhalten sie wann beobachten wollten, sind die Ergebnisse, wenn auch nicht sehr umfangreich, so doch späteren Befunden recht ähnlich.

Reininger unterscheidet zwischen persönlicher und indirekter Anbahnung von Kontakten. Zu der persönlichen Anbahnung gehört das Überreden, das eher von unsicheren Kindern und mit wenig Erfolg eingesetzt wurde, ferner die Bestechung und das Abwarten (in der Nähe eines anderen Kindes). Die indirekte Anbahnung erfolgt durch andere Kinder als Vermittler, durch Leistungen verschiedener Art und durch reizvollen Besitz. Mißerfolge bei versuchter Kontaktaufnahme führten meist nicht zur Einstellung der Bemühungen um Anschluß.

Spätere Untersuchungen an Schulkindern sind überwiegend in kontrollierten Situationen angestellt worden. Sie unterscheiden sich von natürlichen Situationen vor allem dadurch, daß die Komplexität einer Gruppensituation, wie sie etwa beim Eintritt in den Kindergarten gegeben ist, deutlich reduziert ist und eine Reihe möglicher Störeinflüsse damit ausgeschaltet wird.

Um das Verhalten von je 2 Kindern im Alter von 6 bis 7 Jahren zu einander zu beobachten, hatten diese Gelegenheit, 20 Minuten in einem Laborraum miteinander zu spielen, und wurden dabei durch eine Einwegscheibe beobachtet. Ein Teil der Kinder war einander fremd, die anderen kannten sich. Der Vergleich von miteinander bekannten und unbekannten Kindern in der Anfangsphase ihrer Begegnung (die ersten 5 Minuten) zeigte folgende Ergebnisse (Jormakka 1976):

- *Einander unbekannte Kinder* warfen kurze oder flüchtige Blicke auf das Gesicht des Partners oder starrten ihn an, wichen dabei allerdings dem Blick des fremden Kindes aus. Außerdem bewegten sie sich seltener von ihrem Platz weg und ließen mehr Automanipulation erkennen (mit den Haaren spielen, am Kleid nesteln etc.). Im Gegensatz dazu blickten *einander bekannte Kinder* kaum an, sondern betrachteten die neue Umgebung und gingen öfter im Raum umher. Das Umherschauen sowie das Anschauen des fremden Kindes diente offenbar der Informationsaufnahme und somit der Verringerung von Unsicherheit. Unterstützt wird diese Interpretation dadurch, daß diese Verhaltensweisen im Laufe der Zeit deutlich weniger wurden.
- *Unterschiede zwischen Jungen und Mädchen* gab es weder in der Häufigkeit des Anblickens noch im Lächeln noch in der räumlichen Distanz zueinander. Dagegen dauerte das anfänglich zu beobachtende Schweigen bei fremden Mädchen weniger lange als bei fremden Jungen (60 vs. 118 Sekunden; bei vertrauten Kindern waren es 3 bzw. 9 Sekunden!). Lachen war unter Fremden seltener als unter Bekannten, nahm aber während der Beobachtungsperiode zu, so daß sich die Gruppen später nicht mehr voneinander unterschieden.
- Aufschlußreich ist auch das *verbale Verhalten*: Fremde Kinder sprachen anfangs weniger miteinander als gegen Ende der Spielsitzung und dann ähnlich häufig wie einander bekannte Spielkameraden. Bei diesen waren Beeinflus-

sungsversuche (Vorschläge, Befehle, Ratschläge) und negative Reaktionen (sich widersetzen, Kritik, Schuldzuweisung) häufiger als bei Freunden.

Es gab kein hervorstechendes Muster verbaler Kontaktaufnahme; jedoch begann etwa die Hälfte der Eröffnungsfragen mit: »Wie heißt du?« oder »Warst du schon einmal hier?« Andere Kontaktinitiativen bezogen sich auf Gegenstände oder Spielvorschläge.

Bemerkenswert sind folgende Punkte:

- Obwohl die Ergebnisse aus einer Laborsituation stammen, gleichen sie Daten, die unter natürlichen Bedingungen gewonnen wurden: *Die fremden Kinder verhielten sich ähnlich wie Neulinge im Kindergarten.*
- *Der Prozeß des Miteinander-Bekanntwerdens schreitet bei Kindern schnell voran.* Am Ende der relativ kurzen Spielzeit waren die einander unbekannten Kinder in ihrem Verhalten kaum mehr von einander vertrauten Spielgefährten zu unterscheiden. Sie gingen so zwanglos miteinander um wie Menschen, die einander bereits seit langem kennen.
- *Verschiedene Verhaltensweisen erfüllen zu verschiedenen Zeitpunkten im Prozeß des Kennenlernens verschiedene Funktionen.* Das wird besonders deutlich beim Hinblicken. Während anfängliches Hinschauen zum anderen – bei weitgehender Unbeweglichkeit – der Prüfung des anderen bzw. allgemein der Informationsaufnahme dient, bedeutet es zu einem späteren Zeitpunkt Bereitschaft zur Aufnahme von Gesprächen oder gemeinsamen Spielen. Unbeweglichkeit dagegen kann Unsicherheit bedeuten, in Verbindung mit Beobachtung aber auch Konzentration. Bereits bei kleinen Kindern ist daher die Funktion eines bestimmten Verhaltens nicht

unveränderlich, sondern aus dem jeweiligen Kontext zu erschließen.

Etwas schwieriger als nur zu einem potentiellen Spielpartner Kontakt aufzunehmen, dürfte es sein, wenn ein Kind sich einer Zweiergruppe gegenüber sieht, die bereits in ein Spiel vertieft ist, oder wenn es in einer eigens zusammengestellten Gruppe von mehreren Kindern mit anderen spielen will.

Die Bewältigung einer solchen Situation kann zusätzlich von der sozialen Position abhängen, die Kinder innerhalb ihrer Klasse einnehmen.

In verschiedenen Untersuchungen sind experimentelle Gruppen nach diesem Merkmal zusammengestellt worden, mit zum Teil sehr aufschlußreichen Ergebnissen (Putallaz u. Gottman 1981a,b).

Aufgrund eigener Voruntersuchungen war Gottman zu der Annahme gelangt, daß sich unbeliebte Kinder bei ihren Kontaktaufnahmeversuchen wie Neulinge verhielten, also ängstlich und schüchtern, zuerst bewegungslos, angespannt und unsicher, um dann zögernd auf andere zuzugehen (Neulingshypothese).

Zur Prüfung dieser Hypothese wurden 20 Zweiergruppen gleichen Geschlechts zusammengestellt, deren beide Mitglieder in ihrer Klasse entweder beliebt oder unbeliebt waren. Die Kinder kamen aus 2. und 3. Klassen und stammten aus Arbeiterfamilien. Als sog. Zugangskinder wurden bis zu 2 der beliebtesten sowie der unbeliebtesten Kinder einer Klasse ausgewählt. Sie wurden ohne genauere Anweisung einzeln zu einem Laborwagen geschickt, wo eine »beliebte« oder »unbeliebte« Zweiergruppe seit ungefähr 10 Minuten mit einer Art Stadt-Land-Fluß-Spiel beschäftigt war. Wir haben es also mit jeweils 3 Kindern zu tun, die alle Klassenkameraden waren, einander aber nicht als Partner gewählt hatten. Durch die Art der Zusammensetzung entstanden 4 Kombinationen von Gruppen: beliebtes Kind – unbeliebte Zweiergruppe; beliebtes Kind – beliebte Zweiergruppe; unbeliebtes

Kind – unbeliebte Zweiergruppe; unbeliebtes Kind – beliebte Zweiergruppe.

Die Beobachtung der 3 Kinder erstreckte sich jeweils über 15 Minuten und erbrachte folgende Ergebnisse:

- Unbeliebte Kinder benötigten mehr Versuche und längere Zeit, um von einer Gruppe als Mitspieler akzeptiert zu werden. Außerdem dauerte es bei ihnen länger, bis sie ihre erste Zugangsinitiative unternahmen. Beide Ergebnisse stützen die Neulingshypothese.
- Unbeliebte Kinder hatten es schwerer, in eine beliebte als in eine unbeliebte Gruppe aufgenommen zu werden.
- Beliebte Kinder dagegen wurden von einer beliebten Gruppe schneller aufgenommen als von einer unbeliebten (aber auch sie brauchten im Durchschnitt noch 12 Versuche).
- Alle der hier beobachteten 7 Zugangsstrategien wurden von unbeliebten Kindern ähnlich häufig verwendet wie von beliebten.
- Wie die Gruppe auf eine bestimmte Aufnahmestrategie reagiert, hängt nicht nur von dem gewählten Verhalten ab, sondern außerdem sowohl von der sozialen Position des Neulings als auch von der der beiden Gruppenmitglieder. So haben etwa Informationsfragen am häufigsten Erfolg, wenn sie von beliebten Kindern an eine beliebte Gruppe gerichtet werden, und den geringsten, wenn unbeliebte Kinder auf diese Weise bei beliebten Aufnahme in ihre Gruppe anstreben.
- Beliebte Kinder handeln anscheinend nach Kosten-Nutzen-Überlegungen, das heißt, sie versuchen die

Wahrscheinlichkeit der Annahme seitens der Gruppe zu maximieren und gleichzeitig die Wahrscheinlichkeit der Ablehnung zu minimieren. Bei unbeliebten Kindern hingegen ließ sich ein derartiges Vorgehen nicht feststellen.

- Unbeliebte Kinder haben ähnliche Verhaltenshierarchien wie beliebte, das heißt, sie setzen die verschiedenen Verhaltensweisen ähnlich oft ein.
- Unterschiede lassen sich bei folgenden Zugangsstrategien feststellen: Unbeliebte stimmen mit Gruppenmitgliedern seltener überein; sie äußern häufiger Gefühle und Meinungen als Beliebte, und sie sprechen mehr über sich selbst und stellen Informationsfragen.
- Am Ende der Spielsitzung waren alle Zugangskinder in die Gruppe aufgenommen worden.
- Zwischen Jungen und Mädchen konnten keine Unterschiede festgestellt werden.

Diese Ergebnisse sind deshalb wichtig, weil man früher die Auffassung vertrat, daß Kinder mit niedrigem sozialen Status in ihrer Gruppe (wie es bei unbeliebten oder abgelehnten Kindern der Fall ist) nicht über die notwendigen sozialen Fertigkeiten verfügen, um Anschluß an Gleichaltrige zu finden, und daher auch Schwierigkeiten haben, Freundschaften zu schließen. Diese sog. Defizithypothese kann jedoch angesichts der vorliegenden Daten und Ergebnissen anderer Studien nicht beibehalten werden (Dodge et al. 1983: Studie I; Newcomb u. Meister 1985; Putallaz u. Heflen 1986).

Denn auch unbeliebte Kinder haben offensichtlich ein sehr ähnliches Repertoire an Zugangsstrategien erworben wie beliebte. Was sie jedoch anscheinend nicht gelernt haben, ist, wie man diese Strategien am besten einsetzt. Denn sie zeigen bemerkenswertes Ungeschick, die »richtige« Strategie am richtigen Ort und zur richtigen Zeit zu benutzen. Es ist also weniger das Fehlen (Defizit) bestimmter sozialer Verhaltensweisen als vielmehr der verschiedene Einsatz dieser Verhaltensweisen, der beliebte von unbeliebten Kindern unterscheidet.

Es reicht allerdings nicht aus, Kindern mit derartigen Verhaltensdifferenzen bei der Kontaktaufnahme den angemessenen Einsatz von Kontaktstrategien beizubringen. Denn der Erfolg von Zugangsstrategien hängt nicht nur davon ab, daß sie richtig eingesetzt werden, sondern auch davon, welchen sozialen Status die Kinder der angestrebten Gruppe haben. Wenn also das gleiche Verhalten, das etwa beliebte Kinder bei beliebten anwenden, auch beim Einsatz durch unbeliebte zum Erfolg führen soll, dann sollte man versuchen, den Status der unbeliebten Kinder zu ändern. Das ist zwar schwierig, aber nicht unmöglich, wenn man solche Änderungen im natürlichen sozialen Umfeld (Gleichaltrige) umzusetzen versucht, wobei die Rolle des Lehrers bzw. der Erzieherinnen im Kindergarten als Stabilisator eines neuen Status nicht übersehen werden darf (Belschner u. Hoffmann 1972).

Die bisherigen Untersuchungen befassen sich mit der Art und Weise, in der Kinder zu einem oder mehreren Gleichaltrigen, zu Freunden wie Bekannten Kontakt aufzunehmen versuchen. Mit der gelungenen Herstellung des Kontaktes oder der erfolgreichen Aufnahme in eine Spielgruppe endet die Beobachtung und das Interesse der Forscher. Was aber geschieht danach?

- Begnügen sich die Kinder damit, mit den anderen zu spielen?
- Werden sie ihre Kontaktstrategien beim nächsten Mal wieder bei denselben Kindern oder bei anderen einsetzen?

- Bleibt es bei wiederholtem Spiel, bei einer »Spielpartnerbeziehung«, oder entwickelt sich daraus eine andere, engere Beziehung: eine Freundschaft mit wechselseitiger Zuneigung?
- Betrachten Kindergartenkinder tatsächlich jeden Spielpartner als Freund oder ist der Freund der herausgehobene Spielpartner, mit dem man besonders gut und gern spielt?
- Wie lange brauchen Kinder, wie oft müssen sie zusammenkommen, um Freunde zu werden?

Da es auf diese und andere Fragen noch keine Antworten gibt, müssen wir uns daher vorläufig damit zufrieden geben, daß wir über die »Nahtstellen« des Entstehungsprozesses von Kinderfreundschaften noch weitgehend im Dunkeln tappen und uns mit dem beschäftigen, was über die wie immer zustande gekommenen Phasen des Freundschaftsprozesses bekannt ist.

Zusammenfassung

Bereits im *Vorschulalter* verfügen Kinder über ein breites Spektrum von »Techniken« oder »Strategien« der Kontaktaufnahme mit Gleichaltrigen: Sie ahmen das Spielverhalten anderer nach, stellen Informationsfragen zum ablaufenden Spiel, übernehmen einfach eine Rolle im Spiel, beanspruchen einen bestimmten Platz oder warten einfach ab, bis sie zum Mitspielen aufgefordert werden u. a. m. Obwohl die verschiedenen Kontaktinitiativen in unterschiedlichem Maße zum Erfolg führen, werden sie weitgehend unabhängig davon eingesetzt – vermutlich, weil die meisten Kinder letztlich doch noch in die angestrebte Gruppe aufgenommen werden. Die Erfolgswahrscheinlichkeit einer Strategie steht nicht ein für allemal fest, sondern ist von Alter, Geschlecht und Beliebtheit der beteiligten Kinder abhängig.

Auch bei *Schulkindern* lassen sich ähnliche Verhältnisse beobachten. Außerdem verhalten sich Kinder, die einander nicht kennen, anfangs wie Neulinge in einer größeren Gruppe. Dies gilt auch für Kontaktaufnahmen unbeliebter Kinder, selbst wenn sie die Mitglieder der Spielgruppe, zu der sie Zugang suchen, schon kennen. Unbeliebte Kinder sind in ihren Bemühungen wesentlich weniger erfolgreich als beliebte: sie besitzen zwar ein ähnliches Repertoire an Kontaktaufnahmestrategien wie beliebte Kinder, setzen sie aber anders (»falsch«) ein.

Situative Bedingungen und individuelle Merkmale (etwa verbale Fähigkeiten oder das Entwicklungsniveau interpersonalen Verstehens) sind im Zusammenhang mit Zugangsstrategien nicht untersucht worden. Ebenso wissen wir nichts darüber, unter welchen Umständen erfolgreiche Kontaktaufnahme in eine Freundschaft mündet.

9 Freunde und Nicht-Freunde

Haben Kinder erst einmal Freundschaft geschlossen, so erwächst aus dieser neuen, intimen Beziehung auch eine neue Qualität wechselseitigen Verhaltens.

Was sind die Kennzeichen dieser Beziehung, die das ausmachen, was man Freundschaft nennt?

Wenn man in Erfahrung bringen will, wie Freunde »typischerweise« miteinander umgehen, benötigt man einen Bezugsrahmen oder Vergleichsmaßstab, der das Besondere des Miteinanderumgehens erkennen läßt. Einen solchen Bezugsrahmen können Nicht-Freunde oder Bekannte bilden, deren Verhalten dann mit dem von Freunden verglichen wird.

Was versteht man unter einem »Nicht-Freund«?

Es können damit sowohl Kinder gemeint sein, die einander überhaupt nicht kennen, als auch solche, die Mitglieder derselben Gruppe sind, aber den anderen nicht als Freund angeben. Gelegentlich werden sogar Kinder darunter verstanden, die einander gar nicht mögen. In der Literatur meint man mit Nicht-Freunden für gewöhnlich Kinder, die einander kennen, aber nicht miteinander befreundet sind.

Bevor man Freunde und Nicht-Freunde beobachten kann, muß man ermitteln, wer mit wem in einer Schulklasse oder Kindergartengruppe befreundet ist. Dazu stehen mehrere Möglichkeiten zur Verfügung.

Die älteste und noch heute verwendete Methode ist eine Variante der sog. soziometrischen Befragung: Jedes Kind schreibt auf, wer sein Freund oder seine Freunde sind. Man kann diese Annahme auf den besten Freund oder die 3 besten Freunde beschränken, wobei man aus methodischen Gründen den Kindern am besten keine Anzahl vorschreibt. Außerdem sind diejenigen Kameraden zu nennen, die als Freunde nicht gemocht bzw. abgelehnt werden. Als Freunde gelten dann für gewöhnlich diejenigen Kinder, die einander wählen (wechselseitige oder reziproke Freunde), als Nicht-Freunde diejenigen, die einander nicht nennen. Da dieses Verfahren im Kindergarten noch nicht eingesetzt werden kann, muß man dort ein aufwendigeres Vorgehen wählen: Jedes Kind bekommt eine Liste vorgelegt, die außer den Namen auch die Photos aller Gruppenmitglieder enthält. Die Erzieherin notiert darauf die besten Freunde des Kindes sowie diejenigen, mit denen es auf keinen Fall befreundet sein will. Zusätzlich soll das Kind seine Zuneigung zu jedem anderen Gruppenmitglied angeben. Dazu ist eine dreistufige Skala von »mag gar nicht« bis »mag sehr« vorhanden, deren Stufen durch schematische Zeichnungen eines freundlichen, neutralen sowie mürrischen Gesichtes verdeutlicht werden. Auf diese Weise erhält man Angaben über Freunde und den Grad ihrer wechselseitigen Zuneigung sowie über die Zuneigung und Abneigung aller Kinder untereinander. Es ist daher verständlich, wenn diese Methode in einer differenzierteren Abwandlung wiederum bei älteren Kindern eingesetzt wurde (ohne Photos, mit fünfstufiger Zuneigungsskala; Asher et al. 1979; Berndt 1981; Biehler 1954; McCandless u. Marshall 1957).

Eine ganz andere Form der Befragung, die sich allerdings erst bei älteren Kindern durchführen läßt, stellt die »Chumship Checklist« (frei übersetzt: Freundschaftsliste) von Mannarino (1976) dar, die in der vorliegenden Form für Jungen vorgesehen ist (s. Tabelle 1). In ihr sind 17 Tätigkeiten angeführt, die jeweils abgehakt werden, wenn sie auf eine bestimmte Freundschaft des Kindes zutreffen. Eine Freundschaft wird als um so enger angesehen, je mehr Tätigkeiten für die Beziehung kennzeichnend sind. An einem Ende der Skala sind somit enge Freundschaften zu lokalisieren, am anderen Ende lockere Beziehungen, wie sie Kinder haben, die gelegentlich miteinander spielen oder auch einmal im Schulbus nebeneinander sitzen. Anhand der Punktwerte bei einem solchen Fragebogen bildet man dann sog. Extremgruppen von Kindern, nämlich von besten Freunden und von Nicht-Freunden, um deren wechselseitiges Verhalten miteinander zu vergleichen.

Tabelle 1. »Freundschaftsliste« von Mannarino (nach Mannarino 1976, S. 556)

1. Ihr macht Spiele, in denen ihr abwechselnd der Anführer seid.
2. Ihr geht zusammen zur Schule.
3. Ihr helft euch untereinander, wenn einer mit seiner Arbeit nicht nachkommt.
4. Ihr sprecht über Mädchen.
5. Ihr macht auch bei Spielen mit, die der andere macht, sei es Baseball oder Fußball usw.
6. Ihr erzählt euch Dinge, die ihr anderen nicht erzählen würdet.
7. Ihr haltet zusammen, wenn ein älterer Junge auf einem von euch herumhackt.
8. Ihr sitzt zusammen im Schulbus.
9. Du versuchst beim Football oder Baseball immer in die Mannschaft zu kommen, in der dein Freund ist, auch wenn er nicht der beste Spieler ist.
10. Ihr habt zusammen Spaß, z.B. wenn ihr ins Kino oder Fußballspiel geht.
11. Ihr erzählt euch gegenseitig, wenn einer von euch etwas ausgefressen hat.
12. Ihr ruft euch wegen der Hausaufgaben an.
13. Ihr sprecht darüber, was ihr einmal werden wollt, wenn ihr groß seid.
14. Ihr übernachtet bei eurem Freund.
15. Ihr sprecht über eure Eltern.
16. Es fällt dir schwer, bei wichtigen Dingen anderer Meinung zu sein als dein Freund.
17. Du fährst mit der Familie deines Freundes in Urlaub oder sie nehmen dich bei einem Ausflug mit.

Verhalten unter Freunden und Nicht-Freunden

Beobachtungen von Freunden und Nicht-Freunden wurden sowohl im Kindergarten als auch im Elternhaus der Kinder und im Labor vorgenommen. Trotz der Verschiedenartigkeit der Beobachtungssituationen und der Altersunterschiede der teilnehmenden Kinder sind die Ergebnisse in vielerlei Hinsicht einander ähnlich und können daher gemeinsam wiedergegeben werden.

Freunde unterscheiden sich von Nicht-Freunden in einer Vielzahl von Verhaltensweisen: Sie bezeugen einander mehr Aufmerksamkeit, Interesse und Teilnahme, indem sie zum Freund hinschauen, ihm zuhören, sich ihm nähern und ihn berühren. Sie sprechen und spielen mehr miteinander als Nicht-Freunde, geraten aber auch (zumindest Jüngere) öfter in Streit, der dann bald wieder abebbt. Dabei begegnen sie sich weniger feindselig als Nicht-Freunde, zum einen wegen ihrer stärkeren Zuneigung zueinander, die gerade jüngere Kinder auch öffentlich bekunden, zum anderen wegen der größeren Bereitschaft, auf Vorschläge und Bitten des Freundes einzugehen.

Streit unter Freunden kommt relativ häufig vor und kann auf ganz verschiedene Weise enden, ohne die Beziehung nachhaltig zu beeinträchtigen:

A. Vanessa (9 Jahre) und Diana (10 Jahre) spielen mit Lego-Elementen, die sie zuvor untereinander aufgeteilt hatten. Bereits diese Aufteilung war nicht ganz ohne Unstimmigkeiten verlaufen.
V.: Gib' mir mal den Kühlschrank, Diana!
D.: Nee, den will ich haben!
V.: Die Küche ist bei mir doch so leer! Du kriegst ihn ja gleich wieder!
D.: Nee, den hab' ich jetzt! Ich hab' auch 'ne Küche in meinem Restaurant.
V.: Gib' jetzt her!!!
(V. streckt gebieterisch die Hand aus.)
D.: Nee, nee, nee, das is' meiner!
(Sie sieht, daß sich an V.s fordernder Haltung nichts geändert hat, wirft den Kühlschrank auf den Tisch, zieht sich ihren Mantel an und verläßt das Haus.)

B. Vanessa und Janina (beide 9 Jahre alt) spielen zusammen Suchen:
V.: Du bist dran mit Suchen, Janina!
J.: Nee, du! Wenn du jetzt nicht suchst, dann spiel' ich nich' mehr mit mit, kapiert?
V.: Spielverderber! Mach' du doch 'nen Vorschlag!
– Red' bissl lauter, ich hör nix!
J.: Wir geh'n raus!
V.: Was machen wir draußen, bitte?
J.: Hast'n Ball? Dann könn'n wir spielen!
V.: Ja! Warte, ich hol' ihn schnell!
(Die Kinder gehen mit dem Ball ins Freie und spielen dort weiter.)

Diese Bereitschaft und die aufmerksame Teilnahme an allem, was den anderen berührt, dürften auch eine Rolle dabei spielen, daß Freunde miteinander wesentlich effektiver kommunizieren als Nicht-Freunde: sie begleiten ihre Äußerungen öfter mit Blicken zum Freund, was auch dazu beiträgt, die Aufmerksamkeit des Partners auf sich zu ziehen, und reagieren mit angemessenen verbalen und nonverbalen Äußerungen (Abramovitch u. Strayer 1978; Austin u. Draper 1984; George u. Krantz 1981; Green 1933; Hagman 1933; Krantz et al. 1983; Sants 1986; Schwarz 1972).

Ein kurzes Beispiel illustriert das Verhalten von Kindern (Foot et al. 1977: Studie I):

Sieben- und achtjährige Jungen und Mädchen sahen sich zu zweit einen lustigen Zeichentrickfilm an und wurden dabei mit einer Videokamera gefilmt. Die Kinder waren entweder gute Freunde oder kannten einander nicht.

Freunde lachten und lächelten einander öfter an als Fremde, sie blickten häufiger zum anderen hin und sahen einander an, sie berührten einander öfter, saßen näher beieinander und sprachen mehr miteinander. Dafür sahen sie vergleichsweise seltener auf den Film. Für die Autoren bedeutet das, daß Freundschaft das

Eingehen auf den anderen erleichtert (vielleicht genauer: Barrieren zwischen Kindern abbaut). Wichtiger dürfte jedoch sein, daß Freunde die unterhaltsame Situation offenbar mehr genossen, als Nicht-Freunde, denn zum einen vermochten sie ihren Gefühlen freieren Lauf zu lassen, und zum anderen konnten sie ihren Spaß mit ihren Kameraden teilen.

Versucht man, das den Umgang unter Freunden kennzeichnende Verhalten sozusagen auf einen begrifflichen Nenner zu bringen, dann kann man etwa folgendermaßen zusammenfassen: *Freunde zeigen mehr Aktivität, Ungezwungenheit, Emotionalität und Responsivität (Eingehen auf den anderen) als Nicht-Freunde.*

Da immer nur Freundespaare allein beobachtet wurden, stellt sich die Frage, ob die unter Freunden charakteristischen Verhaltensweisen auch dann beibehalten werden, wenn ein drittes Kind (ein Nicht-Freund) anwesend ist. Dazu wurden vierjährige Kinder mit ihrem gleichgeschlechtlichen Freund und einem nichtbefreundeten Kind aus ihrer Kindergartengruppe gefilmt (Werebe u. Baudonnière 1988). Der Laborraum enthielt 10 verschiedene Spielsachen in jeweils zweifacher Anzahl. Das Verhalten der Kinder zeigte, daß

- Spielgegenstände öfter dem Freund als dem Nicht-Freund angeboten wurden; Freunde mehr miteinander sprachen und sich in größerer Nähe des anderen als Nicht-Freunde befanden;
- im Streit um Spielzeug und im Ausdruck von Freude keine Unterschiede zwischen Freunden und Nicht-Freunden bestanden;
- sich das dritte Kind meistens zurückhielt.

Also auch in Triaden verhielten sich Freunde zueinander anders (ungezwungen und responsiv) als gegenüber einem dritten Kind, wobei sie sich von seiner Anwesenheit kaum stören ließen. Vielmehr konzentrierten sie sich weitgehend auf ihrer beider Tätigkeiten, so daß das andere Kind immer mehr isoliert wurde. Interessanterweise scheinen dritte Kinder sowohl die Nichtbeachtung als auch die wechselseitige Bevorzugung von Freunden ohne weiteres zu akzeptieren – zumindest in diesem Alter.

In einer Folgeuntersuchung mit derselben Stichprobe (Werebe u. Baudonnière 1991) zeigte sich ferner, daß die Dauer von »So-tun-als-ob«-Spielen in Freundschaftsdyaden nicht länger war als in Triaden (zusammen mit dem dritten Kind), daß aber die Phasen, in denen jeder der Freunde mit dem dritten Kind spielte, erheblich kürzer waren. Freunde bezogen zwar das dritte Kind oft in ihr Spiel ein, trugen selbst jedoch erheblich mehr zum Spielgeschehen bei und ließen komplexeres Spielverhalten erkennen. Eine spezifische Thematik von Freundschaftsspielen gab es dabei nicht.

Wenig beachtet wurden in diesem Zusammenhang mögliche Unterschiede zwischen den Geschlechtern. Sofern dies überhaupt geschehen ist, lassen sich die Ergebnisse bisher nicht verallgemeinern.

Wie verhalten sich Freunde aber bei der Bearbeitung vorgegebener Aufgaben?

Dabei hat man zum Beispiel mehrfach untersucht, ob Freunde und Nicht-Freunde sich verschieden verhalten, wenn es darum geht, einander zu helfen oder etwas miteinander zu teilen. Die Ergebnisse sind allerdings sehr uneinheitlich, widersprechen einander teilweise und lassen sich aufgrund der Vielzahl experimenteller Variablen nur schwer zusammenfassen. Ob Freunde einander mehr helfen und mehr miteinander teilen als Nicht-Freunde, hängt außer vom Geschlecht, Alter und Freundschaftsverständnis der Beteiligten auch davon ab, ob die gestellte Aufgabe Kooperation oder Wettbewerb verlangt, ob Normen der Höflichkeit und des Wohlverhaltens gefragt sind, ob die Partner davon überzeugt sind, einen Anspruch auf das zu teilende Gut (z.B. Süßigkeiten) zu haben sowie davon, welche unmittelbar vorangehenden Erfahrungen sie mit dem Partner gemacht haben.

Ein etwas übersichtlicheres Bild vermitteln Untersuchungen, in denen Freunde aufgefordert wurden, Leistungen verschiedener Art zu erbringen, z.B. möglichst viele Punkte in einem Spiel zu gewinnen oder etwas zu malen oder ein Picknick zu planen. Obwohl auch hier eine Reihe von experimentellen Bedingungen das Verhalten der Kinder beeinflussen wie z.B. die Art der Tätigkeit, das Ausmaß an Interaktionsmöglichkeiten, Wettbewerb und Kooperation etc., lassen sich klare Unterschiede zwischen Freunden und Nicht-Freunden herausschälen:

Eine »Aufgabe« bestand z.B. darin, daß 2 Kinder mit einem großen Blatt Papier zwischen sich an einem Tisch einander gegenüber saßen, 2 Farbkästen und einige Papierformen zum Aufkleben erhielten und damit malen und kleben durften, was ihnen gefiel. Die Kinder waren 5 bis 8 Jahre alt und arbeiteten in Paaren gleichen Alters und gleichen Geschlechts zusammen.

Man ging dabei von der Annahme aus (Sharabany u. Hertz-Lazarowitz 1981), daß Freunde im Gegensatz zu Nicht-Freunden bereits eine gemeinsame Kommunikations- und Koordinationsbasis besitzen und es ihnen daher leichter fallen sollte, sparsame, effiziente und funktionale Verhaltensweisen auszuüben. Das heißt nichts anderes, als daß Verhaltensweisen, die der Bewältigung der Aufgabe dienen, bei ihnen häufiger zu beobachten sein sollten, als Verhaltensweisen, die erst die Voraussetzungen für gemeinsame Verständigung herstellen.

Die Ergebnisse entsprechen den Erwartungen weitgehend. Freunde zeigten weniger Austauschverhalten als Nicht-Freunde: sie benutzten seltener Farben oder Papierformen des anderen und ließen mehr aufgabenbezogene Aktivität (Malen, Kleben) erkennen. Kommunikationsverhalten wie Ansehen, Sprechen, Lächeln waren bei ihnen seltener. Wenn sie sprachen, äußerten sie sich meist zu den Aufgaben.

Wir haben es hier also mit einer Situation zu tun, die es Freunden aufgrund ihrer wechselseitigen Vertrautheit erlaubt, sich ganz der Aufgabe zu widmen und sich nicht durch Austauschverhalten ablenken zu lassen, das für die Durchführung der Aufgabe irrelevant ist. Im Gegensatz dazu setzen Nicht-Freunde verbales und nonverbales Austauschverhalten ein, um damit ein Maß an Vertrautheit herzustellen, das es ihnen erleichtert, in so enger räumlicher Nähe gemeinsam etwas Gleiches zu tun.

In einer weiteren Studie war die Aufgabe eine ganz andere: Kinderpaare aus 5. und 7. Klassen sollten in Anwesenheit eines Interviewers über ein Picknick für ihre Klasse diskutieren (Potashin 1946). Zum Erreichen dieses Ziel sind ganz andere Kommunikationsformen erforderlich als in der vorigen Studie.

Es zeigte sich, daß Freunde spontaner und länger diskutierten als Nicht-Freunde und weniger Anregungen des Interviewers brauchten. Sie wechselten häufiger Blicke, reagierten auf humorvolle Bemerkungen des Freundes, stellten einander Fragen, die sie auch beantworteten, neckten und berührten einander, waren fröhlich und vergnügt. Nicht-Freunde hingegen beobachteten ihren Partner häufiger, machten einen eher gelangweilten und gleichgültigen Eindruck, wenn der andere sprach, knüpften seltener an seinen Äußerungen an, reagierten weniger auf humorvolle Bemerkungen, brachten ihn öfter in Verlegenheit und machten sich über ihn lustig und wirkten oft teilnahmslos.

Deutlich wird in beiden Fällen, daß Freunde offenbar wesentlich besser als Nicht-Freunde in der Lage sind, den Anforderungen einer gemeinsamen Tätigkeit oder Aufgabe gerecht zu werden. Sie müssen nicht erst lernen, wie der Partner auf bestimmte Äußerungen und Verhaltensweisen reagiert, sondern können – wegen des immer wieder erlebten zwanglosen und vertrauensvollen Umgangs miteinander – ganz in der jeweiligen Situation aufgehen und all ihre Möglichkeiten ausnutzen und auskosten.

Auch in Regelspielen zeigen enge Freunde ein anderes Verhalten als Kinder mit lockeren oder gar keinen Beziehungen zueinander. Vierjährige Kindergartenkinder konnten im Spiel mit einem Partner zwischen den Alternativen wählen, gegen den anderen oder mit ihm zu gewinnen (Matsumoto et al. 1986). Enge Freunde engagierten sich aktiver im Spiel als Nicht-Freunde, bevorzugten eher ein gemeinschaftliches Erreichen des Ziels als einen Gewinn zu Lasten des Freundes und waren während des Spiels zufriedener und entspannter. Ihr Verhalten wurde als moralisch sensibler eingestuft, zumal sie ihren (Spiel-) Verpflichtungen eher nachkamen als Nicht-Freunde und bei Verlust stärker nach Ausgleich als nach Vergeltung strebten.

Bemerkenswert ist auch, daß Kinder in einem Alter, in dem ihnen oft egozentrisches Verhalten zugeschrieben wird, bereits imstande sind, in ihren Freundschaftsbeziehungen auf einem viel reiferen Niveau zu handeln, als es allein das Freundschaftsverständnis auf dieser Altersstufe ermöglichen würde. Man kann darin einen weiteren indirekten Beleg für die Piagetsche Annahme sehen, daß das soziale Handeln den sozialen Kognitionen (der Reflexion dieses Handelns) vorangeht, da das Freundschaftsverständnis von Kindergartenkindern nicht über Selmans Stufe 1 hinausgeht (s. Kap. 2).

Offene Fragen

Wenn wir heute auch einiges darüber wissen, wie Freunde miteinander umgehen, so gibt es zum Beispiel bisher kaum brauchbare Informationen darüber, wie sich das Verhalten unter Freunden im Laufe der Entwicklung qualitativ und quantitativ verändert. Auch die Frage, wie solche Verhaltensänderungen mit der Entwicklung des Freundschaftsverständnisses zusammenhängen, ist noch unbeantwortet. Zwar gibt es dazu einige theoretische Vorstellungen, die dem strukturalistischen Freundschaftsverständnis entstammen, doch darf die gelegentliche Herstellung von Zusammenhängen zwischen Freundschaftsverständnis und -verhalten nicht darüber hinwegtäuschen, daß angemessene empirische Arbeiten dazu nicht vorliegen.

Unbekannt ist bisher auch, inwieweit sich das Verhalten und seine entwicklungsbedingte Veränderung auf den weiteren Verlauf und die Dauer der Freundschaftsbeziehung auswirkt.

Zum Umgang unter Freunden ließe sich etwa fragen, ob es Einleitungszeremonien gibt, wenn Freunde einander wiedersehen, ob es bei der Wiederaufnahme des Kontaktes Aufwärmphasen gibt und wie lange sie dauern, ob Dominanzbeziehungen zwischen Freunden bestehen und wie sie Art und Fortgang der Freundschaft beeinflussen. Weitere Themen sind die Häufigkeit und Regelmäßigkeit des Zusammenseins von Freunden, die Art und Dauer ihrer Spiele sowie der Einfluß situativer Bedingungen auf ihr Verhalten zueinander.

Was wissen Freunde voneinander?

Erwachsene, die eng miteinander befreundet sind, haben mehr und intimere Kenntnisse voneinander als Menschen mit lockeren Beziehungen. Läßt sich das auch von Kindern sagen?

Das strukturelle Freundschaftskonzept, wie es Selman versteht (vgl. Kap. 2), enthält bereits einige Hinweise über die Kenntnisse, die Freunde voneinander haben. Das früheste Wissen dürfte sich darauf beziehen, wo der Freund wohnt und was für Spielzeug er besitzt, welche Haarfarbe er hat usw. Später erfährt man etwas über seine Interessen und Vorlieben, über seine Gewohnheiten und Geheimnisse. Es sind zunehmend abstrakte Eigenschaften und immer seltener äußere Merkmale oder Besitztümer, die für das Wissen über den anderen relevant werden.

Es handelt sich dabei freilich erst um vorläufige, wenn auch theoretisch begründete Annahmen, die noch zu prüfen und weiterzuentwickeln sind. Sie legen im übrigen noch eine weitere Vermutung nahe, nämlich daß Kinder im Vorschulalter nicht viel mehr über ihren Freund wissen als andere Kinder auch, zumal es ein Wissen von äußeren Dingen ist, das anderen Mitgliedern der Gruppe ebenfalls leicht zugänglich ist.

Es kommt allerdings – vor allem bei älteren Freunden – weniger darauf an, *wieviel* man vom anderen weiß, als darauf, *was* man vom anderen weiß und *woher* man es weiß. Es ist etwas anderes, ein Geheimnis miteinander zu teilen, das der Freund selbst einem mitgeteilt hat und welches das in den anderen gesetzte Vertrauen festigt, als wenn man es von einem Dritten erfährt; und es ist etwas anderes, wenn man weiß, welche Mitschüler ein Freund aus welchen Gründen mag, als wenn man über sein Alter, Geburtsdatum und die Anzahl seiner Geschwister Bescheid weiß.

Es ist allerdings fraglich, inwieweit uns das strukturalistische Freundschaftsverständnis von Nutzen sein kann, wenn wir erklären wollen, welches Wissen Freunde voneinander in welchem Alter erwerben. In Gesprächen mit Kindergartenkindern kann man feststellen, daß zum Beispiel Vierjährige schon ziemlich genau wissen, welche Spiele ihre Freunde gern und welche weniger gern spielen, welche Süßigkeiten sie mögen, wovor sie Angst haben, ob sie schüchtern oder draufgängerisch sind, welche Geheimnisse sie haben etc. Wenn also Kinder in diesem Alter auch erst ein »physisches« Verständnis von Freundschaft haben, so bezieht sich doch ihr Freundschaftswissen nicht nur auf physische oder äußere Merkmale des anderen, sondern reicht deutlich in »interne« Wissensbezirke hinein.

Weniger erstaunlich ist dabei, daß dieses Wissen früher vorhanden ist als die Reflexion dieses Wissens, wie sie in höheren Stufen des Freundschaftsverständnisses zum Ausdruck kommt, da auch die Fähigkeit zum sensiblen Umgang mit dem Freund der Reflexion von Sensibilität für den anderen vorausgeht. Erstaunlich ist vielmehr, daß Kinder bereits auf einer viel früheren Altersstufe als bisher angenommen zur Wahrnehmung innerer, psychischer Merkmale in der Lage sind – auch wenn ihre Wahrnehmung sich von der der Erwachsenen noch deutlich unterscheidet.

Das »Wissensthema« wurde bisher nur am Rande in 2 Querschnittsstudien behandelt.

In einer dieser Untersuchungen wird zwar nach internen und externen Merkmalen unterschieden (Diaz u. Berndt 1982); jedoch ist die methodische Fassung der Unterscheidung problematisch und schwer interpretierbar. Außerdem fehlen Vergleiche zwischen Freundes- und Nicht-Freundes-Paaren, so daß die Bedeutung der Ergebnisse unklar bleibt.

Die andere Studie (Ladd u. Emerson 1984) befaßt sich mit dem Wissen von Ähnlichkeiten und Unterschieden von Freunden, wobei 2 Typen von Freundschaft miteinander verglichen werden:

> Befragt wurden Jungen und Mädchen aus 1. und 4. Klassen, die einseitige oder wechselseitige Freunde waren (bei einseitigen Freunden gibt nur ein Kind das andere als seinen Freund an, bei wechselseitigen Freunden tun es beide). Den Kindern wurden 70 Zeichnungen vorgelegt, die folgende Merkmale repräsentieren sollten: Fähigkeit und Leistung, Interessen und Hobbys, soziale Faktoren, Persönlichkeitsmerkmale, Präferenzen, Ängste und äußere Erscheinung. Jeder Schüler hatte anzugeben, welche der Zeichnungen auf ihn und welche auf seinen Freund zutreffen.

Wie sich zeigte, waren wechselseitige (enge) Freunde auf beiden Klassenstufen einander ähnlicher als einseitige (lockere) Freunde und wußten mehr voneinander. Ältere Schüler wußten mehr über unterschiedliche Merkmale des Freundes als jüngere, sofern ihre Freundschaft wechselseitig war, und waren einander etwas weniger ähnlich. Ältere Kinder waren etwas länger miteinander befreundet als jüngere und verbrachten außerhalb der Schule mehr Zeit miteinander (das galt für beide Freundschaftstypen sowie für Jungen und Mädchen). Die Dauer der Freundschaft stand jedoch in nur lockerem Zusammenhang zu dem gemeinsamen Wissen voneinander. Bei einseitigen Freunden wußte einer der Partner deutlich mehr über den anderen. Bereits Erstkläßler wußten selten etwas übereinander, was sie nicht schon in ihren Selbstbeschreibungen geäußert hatten.

Wir können diesen Befunden zunächst entnehmen, daß Freunde zu Beginn der Schulzeit einander als ähnlich wahrnehmen, daß diese Ähnlichkeit in den folgenden Jahren leicht abnimmt und vermehrt auch Unähnlichkeiten registriert werden. Außerdem beschreiben jüngere Kinder ihre Freunde in den gleichen Kategorien wie sich selbst. All dies steht mit Selmans Entwicklungsmodell des Freundschaftsverständnisses in Einklang. Bedenkt man, daß die meisten Erstkläßler über Stufe 1 des Freundschaftsverständnisses nicht hinausgekommen sein dürften und daher in ihrer Auffassung von Freundschaft die einseitige (bzw. egozentrische) Perspektive dominiert, dann folgt daraus, daß ein Kind die Merkmale, die es an sich selbst wahrnimmt, auch (und in ähnlicher Ausprägung) beim Freund bemerkt.

Konflikte unter Freunden

Auch in einer engen Beziehung, die wie Freundschaft auf starker wechselseitiger Zuneigung beruht, entstehen Mißverständnisse und Meinungsverschiedenheiten, die zu Auseinandersetzungen und Streit führen können. *Konflikte sind verständlicherweise kein Charakteristikum, aber ein Bestandteil von Freundschaft.* Daß es keine Freundschaft ohne Konflikte gibt, ist anscheinend auch kleinen Kindern bewußt, denn bereits die früheste Stufe des Freundschaftsverständnisses enthält Vorstellungen darüber, wodurch Konflikte entstehen und auf welche Weise sie gelöst werden. Und entsprechend der Entwicklung des Freundschaftsverständnisses vollzieht sich eine Veränderung der Auffassung von Konfliktanlässen und Konfliktlösungen. Es liegt daher nahe, aus Selmans Entwicklungsmodell von Freundschaftskonzeptualisierungen Hypothesen abzuleiten, die Aussagen über den Zusammenhang von Freundschaftsverständnis und Konfliktverhalten machen, und sie empirisch zu prüfen. So könnte man zunächst ganz allgemein davon ausgehen, daß Konflikte unter Freunden mindestens auf dem Niveau des derzeitigen Freundschaftsverständnisses gelöst werden. Damit trägt man zugleich der entwicklungspsychologischen Auffassung Rechnung, daß das Freundschaftsverständnis aus dem Handeln erwächst, was nichts anderes heißt, als daß Konfliktlösungen auf einem reiferen Entwicklungsniveau vorgenommen werden können als dem des erreichten Freundschaftsverständnisses.

Eine solche Annahme geht jedoch davon aus, daß beide Partner eine ähnliche (strukturelle) Auffassung von Freundschaft besitzen.

Welche Art der Konfliktbewältigung ist dagegen zu erwarten, wenn sich die beiden Kinder auf verschiedenen Niveaus des Freundschaftsverständnisses befinden?

Wird die Auseinandersetzung dann auf dem höheren oder dem niedrigeren Entwicklungsniveau beigelegt?

Eine eindeutige Vorhersage ist in diesem Fall nicht möglich. Einerseits kann das weniger reife Kind die Perspektive des anderen noch nicht begreifen und wird daher den Konflikt auf seinem Niveau zu lösen versuchen. Andererseits sind es gerade die konkreten Konflikterfahrungen, die das Kind veranlassen und befähigen, sein Verhalten in Konflikten auf ein höheres Niveau hin zu entwickeln und die sozusagen den Stoff für die geistige Verarbeitung dieses Verhaltens liefern. Es ist daher möglich, daß sich ein Kind reifer verhält, als es sein Freundschaftsverständnis anzeigt.

Ein weiter entwickelter Freund hingegen braucht nicht auf seinem Entwicklungsniveau zu handeln, sondern kann dahinter zurückgehen. Er ist in der Lage, sich auf das Niveau des anderen »einzustellen« und die Auseinandersetzung in dessen Sinne zu regeln. Ob er dazu bereit ist, dürfte allerdings von einem ganz anderen Faktor abhängen: der Zuneigung zum Freund.

Die Berücksichtigung des Freundschaftskonzeptes beider Partner kann somit allenfalls einen Teil des Konfliktgeschehens erklären; es kann uns jedoch gar nichts darüber sagen, wie Konflikte selbst beschaffen sind.

- Bei welchen Anlässen werden Freunde uneins oder geraten in Streit?
- Wie ernsthaft sind ihre Auseinandersetzungen?
- Neigen sie dazu, zu eskalieren oder werden die schon zuvor beigelegt?
- Legen Jungen ihre Mißhelligkeiten auf andere Art bei als Mädchen?

- Wie oft kommt es zu Konflikten, wie wirkt sich ihre Häufigkeit und Schwere auf den Verlauf der Freundschaft aus?
- Haben Konflikte für die Freundschaft jüngerer Kinder eine andere Bedeutung als für die älterer?
- Welche Rolle spielen Gefühle: Haben Kinder mit starker wechselseitiger Zuneigung weniger und andere Konflikte als Kinder mit weniger starken Gefühlen für einander?
- Wird ihre Zuneigung durch bestimmte Arten von Konflikten beeinträchtigt?

Auf die meisten dieser Fragen gibt es bis heute keine befriedigenden Antworten, denn die Forschung hat erst in den letzten Jahren wieder begonnen, sich mit Konflikten unter Kindern bzw. unter Freunden zu befassen.

Einer der Gründe für das geringe Interesse an diesem Thema ist möglicherweise in den Ergebnissen der frühesten Beobachtungsstudien zu sehen. Darin wurde festgestellt, daß Konflikte unter Kindergartenkindern ziemlich häufig vorkommen, und unter Freunden noch häufiger als unter Nicht-Freunden, daß es vor allem Jungen sind, die in Streit geraten, und daß die Häufigkeit von Auseinandersetzungen mit dem Alter geringer wird (Dawe 1934; Green 1933). Vor allem aber dürfte das Fazit, das daraus gezogen wurde, dazu beigetragen haben, die Bedeutung kindlicher Konflikte abzuschwächen. Wenn nämlich »Kinder sich von ihrem Streit sehr schnell wieder erholen, denn sie sind nach dem Streit weit häufiger gut aufgelegt als aufgebracht« (Dawe 1934, S. 133f.), warum sollte man dann ausgiebig Konfliktanlässe und Konfliktlösungsstrategien untersuchen?

Da es uns um das tatsächliche Verhalten in Konfliktsituationen geht, sind die Studien für uns von Interesse, in denen Konfliktverhalten selbst beobachtet wurde:

Deutliche Unterschiede zwischen Freunden und Nicht-Freunden wurden bei Kindern aus 5. und 6. Klassen sichtbar, von denen je 2 Kinder mehrmals hintereinander unterschiedlich hohe Geldbeträge gewinnen konnten, sofern sie sich über den Gewinn einig waren (späteres Teilen von ungleich verteilten Beträgen war nicht erlaubt; Morgan u. Sawyer 1967).

Die Kinder verhandelten unter 2 verschiedenen Bedingungen. In einem Fall wurden sie zuvor über den Verhandlungsspielraum ihres Partners informiert (also über die Gewinnaufteilung, die der Partner noch zu akzeptieren bereit wäre), im anderen Fall war ihnen darüber nichts bekannt.

Nicht-Freunde (hier Kinder, die einander nicht mochten) entschieden sich unter beiden Bedingungen meist für eine gleiche Verteilung des Geldes. Freunde hingegen waren für eine gerechte Verteilung (mehr Geld für denjenigen, der die besseren Chancen hatte), wenn sie die Erwartungen des anderen nicht kannten. Sobald sie jedoch über den Verhandlungsspielraum des Freundes unterrichtet wurden und dadurch offenbar ein zuvor bestehendes Mißverständnis bezüglich seiner Erwartungen ausräumen konnten, bevorzugten auch sie die Gleichverteilung.

Die Bedeutung der vermittelten Information besteht darin, daß sie Freunden zu der vollständigen Gleichheit verhilft, die sie füreinander bevorzugen, und Nicht Freunden schneller zu der Gleichheit, die jeder für sich in Anspruch nimmt (Morgan u. Sawyer).

In diesem Experiment konnte ein Partner nur dann jeweils erheblich mehr gewinnen als der andere, wenn beide Kinder dies auch vereinbart hatten, also in bestimmter Weise kooperierten.

Wie aber setzen sich Freunde auseinander, wenn sie sich in einer Wettbewerbssituation befinden?

Kindergartenkinder, Zweit- und Viertkläßler wurden aufgefordert, Muster auszumalen, wobei jedes Paar nur einen Malstift zur Verfügung hatte. Belohnt wurde derjenige, der zuerst fertig war. Freunde, die um den Malstift baten, erhielten ihn häufiger und für längere Zeit als Nicht-Freunde (Bekannte). Verweigerungen gegenüber Freunden wurden meist ausführlich begründet, während Bekannte oft nur ein direktes »Nein« hinnehmen mußten. Kinder, die bei der nachträglichen Befragung angaben, sie hätten den Malstift aus Freundschaft abgegeben, gewährten die Bitten ihrer Freunde häufiger und großzügiger. Kinder dagegen, die ihre Verweigerungen mit Eigennutz begründeten, sprachen öfter einfache und direkte Ablehnungen aus. Außerdem machten sie mehr Versuche, den Partner zum Überlassen des Malstiftes zu überreden. (Jones 1985). – Diese retrospektiven Befragungsergebnisse sind allerdings mit Zurückhaltung anzusehen, da die Kinder Gelegenheit hatten, ihr Verhalten nachträglich zu rechtfertigen.

Ausführliche Begründungen der eigenen Meinung gegenüber dem eigenen Freund kann man auch finden, wenn man Kinder ein Problem diskutieren läßt, wie das mit Schülerpaaren aus 3. und 4. Klassen geschehen ist (Nelson u. Aboud 1985). Dabei wurde außerdem festgestellt, daß Freunde einander häufiger kritisierten als Nicht-Freunde, ungeachtet des Grades an Übereinstimmung – was sie aber nur tun können, weil sie sich ihrer wechselseitigen Zuneigung sicher sind. Freunde mit übereinstimmender Meinung werden auch nach mehr Information gefragt als Freunde mit abweichender. Der Grund dafür liegt darin, daß die Zustimmung des Freundes besonderen Wert für die Bestätigung der eigenen Auffassung besitzt.

Abweichende Positionen führten öfter als ähnliche Positionen zu Meinungsänderungen. Dabei änderten Freunde ihre Meinung nicht stärker als Nicht-Freunde, wählten jedoch häufiger eine reifere Konfliktlösung, das heißt, sie veränderten ihre Ansicht stärker in Richtung des »reiferen Freundes« als umgekehrt. Dies gilt vor allem bei sog. kognitiven Konflikten, die komplexer und schwieriger zu bewältigen sind als einfache Meinungsdifferenzen. Im letzten Fall nämlich nähern Kinder ihre Ansicht der des Freundes vor allem dann an, wenn sie als richtig, seltener jedoch, wenn sie als falsch eingeschätzt wird (Aboud 1989). Bestimmte Arten von Konflikten sind daher offensichtlich besonders geeignet, die sozialkognitive Entwicklung von Freunden zu fördern.

Häufigere Begründungen der eigenen Position gegenüber Freunden (Jones 1985; Nelson u. Aboud 1985) sind dagegen nicht bei allen Kindern zu finden (Hartup et al. 1993).

Letztere ließen neun- bis zehnjährige Jungen und Mädchen mit einem Freund oder einem Nicht-Freund ein unbekanntes Brettspiel spielen, gaben aber den Partnern verschiedene Regeln an, so daß Konflikte auf diese Weise »programmiert« waren. Entsprechend dieser Versuchsanordnung bildeten Behauptungen über Spielregeln den größten Teil der Auseinandersetzung. Die Behauptungen von Freundinnen wurden häufiger als die von Freunden von Erklärungen begleitet, und Freunde erläuterten ihre Behauptungen seltener als Freundinnen. Bei Nicht-Freunden zeigte sich kein Unterschied zwischen den Geschlechtern. Dieses differenziertere Ergebnis wird damit interpretiert, daß Mädchen viel stärker bemüht waren, Konflikte auf diese Weise abzuschwächen, was als Ausdruck des stärkeren weiblichen Interesses für Beziehungen und soziales Wohlergehen zu verstehen sei.

Von Bedeutung dabei war auch, daß Konflikte unter Freunden häufiger waren und länger dauerten als unter Nicht-Freunden. Dies steht in Einklang mit einigen Befunden (Green 1933, Hartup et al. 1988, Hinde et al. 1985) und im Widerspruch zu anderen (Gottman 1983, Nelson u. Aboud 1985). Hartup et al. (1993) haben versucht, eine Klärung dieser Befundlage herbeizuführen, indem sie unterscheiden, ob Konflikte in offenen oder geschlossenen Feldsituationen entstehen.

Offene Feldsituationen (etwa das Spiel im Kindergarten) sind dadurch gekennzeichnet, daß Kinder selbst entscheiden, mit wem sie was, wo und wie lange unternehmen. Da der Anstoß zu gemeinsamen Aktivitäten vom Kind ausgeht, kann man vermuten, daß Auseinandersetzungen unter Freunden hier seltener sind und schwächer ablaufen als unter Nicht-Freunden.

In geschlossenen Feldsituationen dagegen (wie im vorliegenden Experiment) hat das Kind keine entsprechenden Wahlmöglichkeiten; außerdem ziehen Konflikte nicht das Risiko einer Trennung vom Partner nach sich. Unstimmigkeiten unter Freunden können daher häufiger und heftiger sein als unter Nicht-Freunden.

Fast alle vorliegenden Ergebnisse lassen sich auf diese Weise erklären. Als nachträgliche Interpretation der Daten handelt es sich jedoch erst um eine interessante Hypothese, die (auch nach Meinung der Autoren) noch zu prüfen ist.

Konflikte in der natürlichen Umgebung von Kindern sind mit einer Ausnahme bisher nicht eingehender untersucht worden (Hartup et al. 1988)

In diesem Fall war die »natürliche« Umgebung der Drei- bis Fünfjährigen der Kindergarten. Konflikte wurden als Versuche der Einflußnahme seitens eines Kindes und dem Sichwidersetzen seitens des anderen definiert. Die Beobachtungen richteten sich auf wechselseitige und einseitige Freundschaften sowie auf »neutrale« Beziehungen von Kindern:

- 55 % aller Konflikte entstanden innerhalb von wechselseitigen und einseitigen Beziehungen, obwohl diese nur 19 % aller Paarbildungen ausmachten. Konflikte unter Freunden waren häufiger als unter neutralen Gefährten.
- Die Beziehung unter den Kindern war ohne Einfluß auf die Entstehungsbedingungen der Konflikte: sowohl die vorangehende Interaktionshäufigkeit sowie die Streitanlässe waren bei allen Gruppen gleich (in 40 % der Fälle ging es um den Besitz von Spielsachen).

- Konflikte unter neutralen und zum Teil unter einseitigen Spielgefährten entstanden öfter in Anwesenheit anderer Kinder, während wechselseitige Freunde bei Ausbruch des Streites meist allein waren.
- Unterschiede bestanden in der affektiven Intensität der Konflikte: Auseinandersetzungen unter wechselseitigen Freunden waren wesentlich seltener »hitzig« als unter den beiden anderen Gruppen.
- Die Konflikte zwischen den Kindern waren meist von kurzer Dauer (das heißt kürzer als 10 Sekunden) und bilden eher drei- und mehrgliedrige als zweigliedrige Sequenzen (das heißt A→B→A, etc.). Unterschiede zwischen den Freundesgruppen waren dabei nicht feststellbar.
- Wechselseitige Freunde beendeten ihren Streit relativ häufiger damit, daß sie sich von ihm distanzierten, sei es durch Ablenken oder beiderseitiges Abwenden, während andere Kinder eher auf ihrem Willen beharrten. Verhandeln war in allen Dyaden selten. Diese Strategien führten bei einseitigen und neutralen Gefährten zu einem ungerechten Ausgang mit einem Gewinner und einem Verlierer, während wechselseitige Freunde meist zu einem Kompromiß gelangten, der den Wünschen beider Kinder gerecht wurde. Dieser »Kompromiß« war jedoch insofern nicht echt, als er durch physisches Abstandnehmen und nicht durch Verhandeln zustande kam.
- In allen drei Beziehungsarten hatten Jungen und Mädchen relativ ähnlich häufige Konflikte mit gleichgeschlechtlichen Partnern.

Außer der Feststellung verbaler Konfliktstrategien wurde auch der *mimische Ausdruck von Gefühlen* bei der Regulierung von Auseinandersetzungen beobachtet (von Salisch 1991):

> In einem Computerspiel erhielten Paare von engen, mittelengen und losen Freunden Punkte dafür, daß sie als »Kopiloten« möglichst lange ein als Punkt dargestelltes Flugzeug über den Bildschirm lenkten. Ein programmierter Defekt sorgte dafür, daß das Flugzeug während des 10minütigen Spiels mehrmals abstürzte, was auf die scheinbare Unachtsamkeit einer der Partner zurückgeführt wurde. Versuchspersonen waren elfjährige Jungen und Mädchen mit ihren Freunden aus derselben Klassenstufe).

Von Interesse ist hier, daß enge Freundinnen ihre »Schuldeingeständnisse« häufiger mit einem Lächeln begleiteten als enge Freunde. Auch äußerten Mädchen ihre Vorwürfe eher mit einem Lächeln als Jungen, sowohl bei losen als auch sehr engen Freundinnen. Mädchen verfahren auf diese Weise sozusagen »zweigleisig«, wie von Salisch erläutert: »Durch ihre Vorwürfe tragen sie einerseits den Konflikt in die Beziehung hinein, fangen die interpersonalen Risiken dieses Verhaltens aber auch andererseits durch emotionales Lächeln (im Gegensatz zu einem sozialen oder Höflichkeitslächeln; Anm. des Verf.) ab «(von Salisch, S. 94). Es ist, als wollten sie sagen: »Ich bin zwar sauer auf dich, aber ich bin trotzdem noch deine Freundin.« – »Bei den Rechtfertigungen mag eine ähnliche Doppelbotschaft im Spiel sein.« (S. 94). Bei Jungen hingegen sieht es so aus, als ob sie (in engen Freundschaften) »den Konflikt weniger in die Beziehung hineintragen, sondern eher versuchen, ihn mit sich selbst auszumachen« (S. 94).

Diese Interpretation erscheint sehr plausibel, befriedigt aber insofern nicht ganz, als bestimmte Ergebnisse durch sie nicht erklärt werden: Mehr Mädchen als Jungen lassen bei ihren Rechtfertigungen nämlich nicht nur ein Lächeln erkennen, sondern auch negative Gefühle wie Verachtung, Ekel oder »Ärgerspannung«; und lose

Freunde äußern ihre Vorwürfe ebenso wie sehr enge mit einem Lächeln. Andere Ergebnisse sind – vermutlich wegen der Art, in der die Variablen erfaßt wurden – weniger eindeutig (etwa die Daten bezüglich der »Entwickeltheit« von Freundschaft, worunter eine Kombination von Freundschaftsverständnis und Freundschaftsbeziehung zu verstehen ist).

Bei engen wie bei losen Freundschaften war Reziprozität ähnlich positiv und trat Eskalation ähnlich selten auf. Es ist nicht klar, ob dies an den verwendeten zweigliedrigen Verhaltenssequenzen liegt oder an der zu geschickten Versuchsanordnung, die die Aufmerksamkeit der Kinder stärker von ihrem Konflikt weg und auf das Spiel hinlenkte. Letzteres Argument würde erklären, warum in einer geschlossenen Feldsituation, wie sie hier vorliegt, bei engen Freunden nicht häufigere und intensivere Konflikte auftraten als bei lockeren Freunden (wie von Green 1933 festgestellt).

Zusammenfassung

Freunde unterscheiden sich von Nicht-Freunden in der Häufigkeit, mit der sie miteinander sprechen, dem Partner zuhören und zueinander hinschauen, in der Häufigkeit ihres Spiels, in der freien Äußerung ihrer Gefühle, in der Art ihres Streits, in ihrer Bereitschaft, auf Wünsche und Vorschläge des anderen einzugehen. Sie sind somit aktiver, ungezwungener, emotionaler und responsiver als Nicht-Freunde.

Aufgrund ihrer wechselseitigen Vertrautheit und ihrer sicheren Zuneigung füreinander sind sie in der Lage, den Anforderungen verschiedener Aufgaben besser gerecht zu werden als Nicht-Freunde: sie arbeiten effektiver und können die Möglichkeiten der Situation besser nutzen.

Über Veränderungen des Umgangs unter Freunden im Laufe ihrer Entwicklung und über den Zusammenhang ihres Verhalten mit ihrem Freundschaftsverständnis ist bisher nichts bekannt, da Längsschnittdaten fehlen.

Freunde im Schulalter nehmen einander als ähnlich wahr und bemerken erst mit zunehmendem Alter Unterschiede und Unähnlichkeiten, ohne daß ihre Beziehung dadurch beeinträchtigt wird, was mit der Entwicklung des Freundschaftsverständnisses in Einklang steht.

Konflikte kommen unter Freunden anscheinend häufiger als unter Nicht-Freunden vor. Sie verlaufen bei ihnen gemäßigter als bei Nicht-Freunden, da Freunde auf Gleichheit bedacht sind und Ablehnungen ausführlicher begründen. Meinungsänderungen vollziehen sich meist in Richtung auf ein reiferes Niveau, vor allem bei schwierigeren Problemen.

Mädchen sind eher als Jungen bemüht, den Konflikt abzuschwächen, indem sie etwa Vorwürfe mit einem Lächeln begleiten oder ausführlichere Begründungen für ihre abweichende Position geben, während Jungen die Verarbeitung von Konflikten anscheinend eher in die eigene Person verlagern.

In »geschlossenen« Feldsituationen sind Konflikte offenbar häufiger als in »offenen« und verlaufen heftiger, da die Freunde die Situation nicht ohne weiteres verlassen können.

10 Jungen- und Mädchenfreundschaften

Immer wieder ist die Rede von typischen Unterschieden zwischen den Geschlechtern. Ausgangspunkt für diese Behauptung ist die wiederholt berichtete Beobachtung, daß Jungen häufiger in größeren Gruppen zusammenspielen, Mädchen dagegen in Zweiergruppen. Man hat daraus den Schluß gezogen, daß Jungen ausgedehntere (extensivere) soziale Beziehungen eingehen als Mädchen, und daß der unterschiedliche Umfang (Extensität) ihrer Beziehungen im allgemeinen auch bei ihren Freundschaften im besonderen anzutreffen sei. Als Folge davon wurde angenommen, daß Mädchenfreundschaften intimer und intensiver seien als Jungenfreundschaften:
»Man nimmt weithin an, daß Mädchen einen erheblichen Grad an Intimität mit ihren Freundinnen herstellen, indem sie Geheimnisse mitteilen und sich in anderer Weise ihrer Freundin eröffnen, in einem Grad, wie es ein Junge kaum tun wird. Wenn dies wahr wäre, wäre es verständlich, daß Mädchen die Intimität ihrer Freundschaften zu schützen versuchten und sich weigerten, andere in ihren Kreis einzulassen, obwohl sie Neulingen in der Klasse freundschaftlich gegenübertreten mögen« (Maccoby u. Jacklin 1974, S. 209).

In dem letzten Punkt ist ein weiteres Unterscheidungsmerkmal angesprochen: das der Exklusivität, wobei mit exklusiven Beziehungen solche gemeint sind, von der Dritte ausgeschlossen sind, während nichtexklusive Beziehungen Dritten Zulaß gewähren.

Immer wieder wird also die Auffassung vertreten, daß Mädchenfreundschaften intimer, intensiver, exklusiver und weniger extensiv (auf weniger Partner beschränkt) seien als Jungenfreundschaften. Genauer gesagt, soll es mehr Mädchen- als Jungenfreundschaften geben, die diese Merkmale aufweisen.

Wenn man auf Alltagserfahrungen zurückgreift, hat man Schwierigkeiten, sich dieser Ansicht anzuschließen. Wie oft lassen sich nicht Freundinnen im Kindergarten- wie im Schulalter beobachten, die miteinander zerstritten sind, die Freundin wechseln, wieder zur ersten zurückkehren, für eine längere Zeit eine dritte finden etc.

Klar ist jedoch, daß in der Forschung erstens von der geschlechtstypischen Bevorzugung für Spiele in unterschiedlich großen Gruppen auf die Art der Freundschaftsbeziehung der Geschlechter geschlossen wurde, und daß zweitens in den durchgeführten Untersuchungen immer nur eines der genannten Freundschaftsmerkmale gemessen wurde, also bisher nicht nachgewiesen wurde, daß alle 4 Merkmale tatsächlich in der vermuteten Art und Weise zusammenhängen.

Ob die vorliegenden Ergebnisse es rechtfertigen, von derartigen Unterschieden zwischen Jungen- und Mädchenfreundschaften zu sprechen, ist somit sehr fraglich.

Intimität

Bei der Untersuchung von Intimität beschränkt man sich vorzugsweise auf die Art der Information, die Kinder einander mitteilen. Sie wird entweder durch Be-

obachtung ermittelt oder mit Hilfe von Fragebogen zur sog. Selbsteröffnung gemessen.

Dabei zeigte sich einerseits, daß die Äußerungen von Mädchen sich mehr auf Ängste, Abhängigkeit und Gefühle beziehen und somit eher mit der weiblichen Geschlechtsrolle zusammenhängen. Allerdings ging es dabei nicht speziell um Freundschaft (O'Neill et al. 1976). Auch in einer anderen Studie wurden lediglich einander unbekannte Kinder beobachtet (Furman 1987): Mädchen teilten erheblich mehr über sich mit als Jungen, die stärker daran interessiert schienen, miteinander zu spielen, als Information übereinander auszutauschen. Dies kann allenfalls als geschlechtstypischer Unterschied bei der Anknüpfung von Bekanntschaften interpretiert werden, sagt jedoch noch nichts über die Intimität von Jungen- und Mädchenfreundschaften aus.

Methodisch genauer, wenngleich ein wenig künstlich anmutend ist ein anderes Experiment (Rotenberg u. Sliz 1988):

> Fünf-, Sieben- und Neunjährige sollten Angaben zur eigenen Person auf Tonband sprechen, wobei die Information einmal für einen guten Freund, das andere Mal für einen Nicht-Freund bestimmt war. Die Kinder sollten dabei eine Reihe verschiedener Themen berücksichtigen, durften sich jedoch auf ihre eigene Art und Weise ausdrücken. Erwartungsgemäß teilten Kinder ihren Freunden mehr persönliche, intime Informationen mit, als Nicht-Freunde, während sie bei weniger persönlichen Mitteilungen keinen Unterschied zwischen Freunden und Nicht-Freunden machten. *Jungen und Mädchen unterschieden sich bezüglich der Intimität ihrer Äußerungen nicht voneinander.*

Eine Studie wird immer wieder als eindeutiger Beleg für die größere Intimität von Mädchenfreundschaften angeführt (Foot et al. 1977, Studie II):

> Beobachtet wurden sieben- und achtjährige Jungen und Mädchen zusammen mit einem Partner, der entweder ein Freund oder ein Fremder war, beim Ansehen eines lustigen Zeichentrickfilms (wie in der oben dargestellten Studie I). Variiert wurde diesmal nicht nur die Intimität der Beziehung (Freunde vs. Nicht-Freunde), sondern auch die Intimität der Situation. Eine intime Situation wurde dadurch herbeigeführt, daß man 5 Minuten vor Filmbeginn beide Kinder im Abstand von einen Meter gegenüber setzte und sie eine Zeichnung ihres Partners anfertigen ließ. Unter der Bedingung geringer Intimität sollten beide Kinder ein Bild ausmalen, waren aber durch einen Wandschirm voneinander getrennt. Wie schon in der ersten Studie, hatte die Freundschaftsbeziehung eine enthemmende Wirkung auf alle während der Filmvorführung beobachteten Verhaltensweisen wie Lächeln, Ansehen, miteinander Sprechen.

Wichtiger ist hier jedoch, daß bei hoher situativer Intimität Freunde mehr als Freundinnen lachten, während Mädchen in dieser Situation mehr lächelten als Jungen. Bei geringer Intimität lächelten Freunde mehr als Freundinnen, die ihrerseits mehr lachten.

Dies wird dahin gehend interpretiert, daß Jungen und Mädchen für den jeweiligen Intimitätsgrad von Freundschaft unterschiedlich sensibel seien. Die Erwartung der Autoren, daß Mädchen ein höheres Intimitätsniveau akzeptieren als Jungen, wird durch das häufigere Lächeln unter der Bedingung größerer Intimität gestützt. Zum einen lächeln Mädchen hier mehr mit einer Freundin als mit einer Fremden, während Jungen keinen derartigen Unterschied machen. Zum anderen lächeln Jungen im Beisein eines Fremden wesentlich mehr als Mädchen, unabhängig vom Grad der situativen Intimität, was darauf hindeuten soll, daß Jungen für Unterschiede im Intimitätsniveau weniger empfänglich seien als Mädchen. Daraus wurde zum einen geschlossen, daß Mädchen deutlich sensibler auf die sozialen Reize einer Situation reagieren als Jungen, und zum anderen, daß das Lächeln (im Gegensatz zum Lachen) direkt das empfundene Wohlbehagen widerspiegele.

Dem Lachen wird – aufgrund der entgegengesetzten Ergebnisse – eine andere Funktion zugeschrieben als dem Lächeln. Indem es einen Spannungszustand anzeigt, diene es erstens dazu, die Aufmerksamkeit des Partners zu erregen oder aufrechtzuerhalten, wenn die Situation als zuwenig intim erlebt wird (bei Mädchen); zweitens habe es die Aufgabe, die Aufmerksamkeit bei zu hoher Intimität abzuschwächen (bei Jungen).

Zusätzliche Beobachtungen ergaben, daß die Freundin während des Lachens bei geringerer Intimität etwas häufiger angesehen wird als bei hoher und als es Jungen tun. Außerdem nahmen Mädchen das Anschauen und Lächeln der Partnerin bei niedriger Intimität genauer wahr als bei hoher.

Die Ergebnisse dieser Studie sind bisher ohne Vorbehalt als Nachweis eines unterschiedlich starken Bedürfnisses nach Intimität bei Jungen und Mädchen aufgenommen worden, obwohl die Untersuchung einige kritische Punkte enthält.

Zum einen haben wir es hier mit Aussagen über nonverbale Verhaltensweisen unter Freunden zu tun, deren Intimität jedoch für die gesamte Freundschaftsbeziehung behauptet wird. Zum anderen wird aus dem Verhalten unter Bedingungen unterschiedlicher *räumlicher* Intimität auf ein unterschiedlich starkes Bedürfnis nach intimen Freundschaftsbeziehungen geschlossen.

Hinzu kommt, daß die Daten auch anders interpretiert werden können: Lachen und Lächeln müssen nämlich nicht nur im Sinne eines unterschiedlich starken Intimitätsbedürfnisses verstanden werden, sondern können auch geschlechtstypische Ausdrucksformen des Wohlbefindens in unterschiedlich intimen Situationen darstellen. So gesehen, würden Jungen eher lachen, wenn sie sich wohlfühlen, Mädchen hingegen eher lächeln. Damit wäre auch erklärt, warum – unter Freunden – Jungen bei größerer räumlicher Intimität mehr lachten als Mädchen und Mädchen bei geringerer Intimität mehr lachten als Jungen und warum das beim Lächeln umgekehrt war.

Was die geringere Sensibilität von Jungen für die Intimität von Situationen und Beziehungen anbelangt (wie sie im Lächeln zum Ausdruck kommen soll), so werden lediglich die fast gleichen Reaktionen gegenüber Freunden und Fremden bei hoher räumlicher Intimität erwähnt. Eine Auseinandersetzung mit anderen dazu weniger gut passenden Ergebnissen der Untersuchung findet nicht statt: Bei geringerer Intimität nämlich lächeln Jungen wesentlich mehr in Anwesenheit eines Freundes als eines Fremden; und Mädchen lächeln mit Freunden unter beiden Intimitätsbedingungen gleich häufig. Anders ausgedrückt, machen Jungen zwar nur geringe Unterschiede zwischen unterschiedlich intimen Situationen, wenn es sich um Freunde handelt, vermögen jedoch unter Fremden derartige Unterscheidungen sicher zu treffen. Sie sind also durchaus in der Lage, auf die Intimität von Beziehungen wie von Situationen sensibel zu reagieren, tun dies aber auf eine andere Weise als Mädchen.

Aufgrund der vorgebrachten Einwände ist es nicht erwiesen, daß Mädchen intimere Freundschaften präferieren als Jungen. Es scheint vielmehr so zu sein, daß Jungen und Mädchen die Intimität einer Freundschaft und das Bedürfnis nach Intimität auf verschiedene Art und Weise ausdrücken.

Für geschlechtstypische Ausdrucksformen von Intimität sprechen auch die Daten einer älteren Untersuchung (Guardo 1969):

In ihr wurde die Beziehung zwischen räumlicher Distanz einerseits und der wechselseitigen Bekanntheit und Zuneigung der beteiligten Kinder andererseits geprüft. In einer ersten Aufgabe erhielten Jungen und Mädchen aus 6. Klassen verschiedene Silhouettenpaare gezeigt, die Kinder gleichen Alters und Geschlecht darstellten, deren Profile einander zugewandt waren. Den insgesamt sieben unterschiedlich großen Abständen zwischen den Silhouetten sollten die Kinder Bekanntheitsgrade (Freund, Bekannter, Fremder) und Zuneigungsgrade (von sehr gern bis überhaupt nicht gern haben) zuordnen. Silhouettenpaare mit geringer Distanz zueinander wurden als miteinander besser bekannt und einander stärker zugetan beurteilt als solche mit größeren Distanzen. Das läßt sich so verstehen, daß Kinder von einem Zusammenhang zwischen physischer und psychischer Nähe ausgehen, zumindest ab der 3. Klasse (Meisels u. Guardo 1969).

In einer zweiten Aufgabe hatten die Versuchspersonen eine räumliche Beziehung zu einer ausgeschnittenen Silhouette als Vertreter der eigenen Person und einer gedruckten, gleichgeschlechtlichen Silhouette herzustellen. Dabei repräsentierte die andere Figur die verschiedenen Bekanntheits- und Zuneigungsgrade aus Aufgabe 1, wobei zusätzlich beste Freunde, ein ärgerlicher Fremder und ein gefürchteter Gleichaltriger eingeführt wurden. Die Szene sollte in einem Schulhof spielen.

Außer der schon bekannten Beziehung persönlicher Distanz und Bekanntheit bzw. Zuneigung ergaben sich Unterschiede zwischen den Geschlechtern: Mädchen hatten engere räumliche Beziehungen zum besten Freund, zur besten Freundin sowie zu einer Person, die sie sehr mochten, als Jungen zu den entsprechenden Personen. Bei angstauslösenden Figuren schufen Mädchen hingegen eine größere Distanz als Jungen.

Zwar basieren diese Ergebnisse auf einem sogenannten Projektionsvorgang (die Kinder hatten sich in eine der Figuren hineinzuversetzen), stehen jedoch mit anderen Daten und Alltagsbeobachtungen im Einklang (s. Guardo, S. 150).

Intensität

Zur Intensität von Freundschaften scheint es keine eigenen Untersuchungen zu geben. Gelegentlich findet man, daß Intimität und Intensität methodisch untrennbar miteinander verbunden sind, vor allem wenn die Intimität von Informationen zugleich durch die Menge selbstbezogener Äußerungen (= Intensitätsmaß) gemessen wird (Berndt u. Perry 1986; Buhrmester u. Furman 1987; Sharabany et al. 1981). Um eindeutige Aussagen zu erhalten, wäre es jedoch erforderlich, Intensität gesondert zu erfassen, zum Beispiel durch die Häufigkeit des Zusammenseins, des Miteinandersprechens usw.

Extensität

Die Beobachtung geschlechtstypischer Präferenzen für Spiele in unterschiedlich großen Gruppen war die Grundlage für die Annahme weitreichender Unterschiede zwischen Jungen- und Mädchenfreundschaften.

Unterschiede der behaupteten Art, zumindest bei den Merkmalen Intimität und Intensität, scheinen offenbar nicht vorhanden zu sein, aber:

Inwieweit sind sie beim Merkmal Extensität (Umfang von Freundschaften) anzutreffen?

Sind allgemein die sozialen Beziehungen von Jungen und Mädchen unterschiedlich extensiv, und trifft dies speziell auch für Freundschaften zu?

Beobachtet wurden 2 Gruppen von Kindergartenkindern im Alter von 2 bis 4 Jahren, wobei festgestellt wurde, daß Jungen und Mädchen in durchschnittlich gleich großen Gruppen spielten. Lediglich ältere Kinder waren eher in größeren Gruppen zu finden (Clark et al. 1969).

Abgesehen davon, daß eine Auswertung nach den verschiedenen anzutreffenden Gruppengrößen fehlte, unterliegen die Ergebnisse einer situativen Einschränkung: Wegen schlechten Wetters wurden die Beobachtungen meist in Räumen durchgeführt, so daß Spiele in größeren Gruppen, wie sie im Freien für Jungen bezeichnend sein sollen, kaum stattfinden konnten.

Aus einer anderen Untersuchung an fünf- bis knapp siebenjährigen Kindern geht hervor, daß Mädchen häufiger in Paaren spielten als Jungen, die ihrerseits mehr in größeren Gruppen (mit zwei und mehr anderen Kindern) aktiv waren (Laosa u. Brophy 1972).

Auch diese Ergebnisse besitzen jedoch eingeschränkte Gültigkeit. Zum einen hatte die Geschwisterposition Einfluß: Später geborene Jungen und erstgeborene Mädchen spielten häufiger mit anderen zusammen als erstgeborene Jungen und spätergeborene Mädchen. Zum anderen war es keineswegs so, daß Mädchen überwiegend in Zweiergruppen zusammen spielten. Denn obwohl Mädchen häufiger in Paaren zusammen spielten als Jungen, waren ihre Spiele mit 2 und mehr Kindern etwa 4mal so häufig wie Spiele in Zweiergruppen.

Zehn- bis elfjährige Jungen spielten öfter in größeren Gruppen als Mädchen (Lever 1976). Befragungen ergaben, daß bei 72 % der Jungen gegenüber 52 % der Mädchen die Spiele im Freien 4 oder mehr Teilnehmer umfaßten. Allerdings verbrachten auch mehr Jungen als Mädchen ihre Zeit außer Haus (genauere Angaben liegen nicht vor): »Wir können die häuslichen Spiele von Mädchen (die gewöhnlich hinter verschlossenen Türen gespielt werden) als private Angelegenheit betrachten, während die von Jungen gespielten Spiele im Freien öffentlich und für Aufsicht zugänglich sind« (Lever 1976, S. 480).

In Interviews äußerten die Mädchen, daß sie sich in Paaren wohlerfühlten als in Triaden und am wenigsten wohl in Gruppen von 4 oder mehr Kindern. Dementsprechend hatten die meisten (nach ihren eigenen Angaben) eine einzige feste Freundin, mit der sie fast jeden Tag zusammen spielten. Dadurch lernten sie die Freundin so gut kennen, daß sie allein aufgrund nonverbaler Hinweise ihre Gefühle und Stimmungen zu verstehen imstande seien. Es ist nicht ganz klar, ob auch mit Jungen Interviews durchgeführt wurden oder ob sich die Ausführungen lediglich auf die anders strukturierten Spiele (ihre Art und Dauer) bei Jungen stützen. Jedenfalls wird die These aufgestellt, daß die unterschiedlichen Freizeitmuster von Jungen und Mädchen zur Entwicklung verschiedener sozialer Fertigkeiten führen. Das bedeutet nicht, daß Jungen keine engen Freundschaften entwickelten, sondern daß »diese interpersonalen Fertigkeiten mehr instrumentell als expressiv seien« (Lever 1976, S. 485). Mit anderen Worten,

Spiele von Jungen befähigen sie zur erfolgreichen Teilnahme in einer Vielzahl von Arbeitsbereichen, während Spiele von Mädchen eher dazu geeignet scheinen, sie auf ihre Rolle als Frau und Mutter vorzubereiten.

Diese Überlegungen sind jedoch – nach dem Eingeständnis der Autorin – spekulativ und ein wenig voreilig, da differenzierte Beobachtungen und Auswertungen fehlen.

Unterschiede im Umfang sozialer Beziehungen – soweit tatsächlich vorhanden – hängen nicht nur vom Geschlecht, sondern auch vom Sozialstatus der Kinder innerhalb ihrer Schulklasse ab.

Bei Dritt- und Viertkläßlern waren es gerade die abgelehnten Kinder, die in den Pausen in kleineren Gruppen spielten als sehr beliebte oder durchschnittlich beliebte Kinder (Ladd 1983). Geschlechtstypische Unterschiede ließen sich nur bei sehr beliebten und durchschnittlich beliebten Kindern finden: Jungen mit derartigem Beliebtheitsstatus waren in größeren Gruppen als Mädchen anzutreffen. Letzteres dürfte auch insofern für Freundschaften gelten, als diese Kinder mit einem größeren Prozentsatz ihrer Spielkameraden befreundet waren als abgelehnte Schüler.

Sieht man von den abgelehnten Kindern ab, da sie nur einen relativ kleinen Teil der Schüler einer Klasse ausmachen, so haben wir hiermit eine Aussage, die die Auffassung von der unterschiedlichen Extensität der Beziehung beider Geschlechter zumindest indirekt unterstützt.

Exklusivität

Wie ist es um die Exklusivität von Kinderfreundschaften bestellt? Bevorzugen Mädchen tatsächlich Zweierbeziehungen, zu denen Dritte keinen Zugang haben, und öffnen Jungen häufiger ihre Freundschaft für Dritte?

Es gibt hierzu nur eine einzige Studie (Eder u. Hallinan 1978):

> Befragt wurden neun- bis zwölfjährige Jungen und Mädchen aus 5. und 6. Privatschulklassen nach ihrem besten Freund zu 7 Zeitpunkten eines Schuljahres. Aufgrund dieser Angaben wurden alle Beziehungen unter den Kindern in Triaden (Dreierbeziehungen) dargestellt, die je ein triadisches Paar wechselseitig bester Freunde gleichen Geschlechts enthielten. Entsprechend der Beziehung der Freunde zum dritten Kind war es möglich, exklusive von nichtexklusiven Freundschaften zu unterscheiden und ihre Verteilung auf die Geschlechter sowie ihre Veränderung im Laufe des Schuljahres zu untersuchen. Die Ergebnisse sind klar: Mädchen sind häufiger in exklusiven Triaden anzutreffen als Jungen und Jungen häufiger in nichtexklusiven Triaden als Mädchen. *Mädchen-Freundschaften sind also exklusiver als Jungenfreundschaften.* Wie die Analyse über das Schuljahr hinweg zeigt, kehren Freundinnen nach dem Kontakt mit einem dritten Mädchen eher zu ihrer exklusiven dyadischen Beziehung zurück, unabhängig davon, ob die Freundschaft von einem dritten Mädchen angestrebt wurde oder ob ein Mitglied der Dyade ein weiteres Kind gern mit in die Beziehung aufgenommen hätte. Jungen hingegen weiteten ihre Freundschaft eher auf eine dritte Person aus.

Diese Untersuchung stützt die Auffassung, daß Mädchen im Gegensatz zu Jungen exklusive Freundschaften präferieren. Allerdings sollte dieses bisher alleinstehende Befragungsergebnis durch Beobachtungsdaten bestätigt und dabei auch der Einfluß der sozialen Position der Kinder berücksichtigt werden.

Zusammenfassung

Es ist eine in der Forschung weit verbreitete Ansicht, daß Mädchenfreundschaften häufiger intimer, intensiver, exklusiver und extensiver seien als Jungenfreundschaften, obwohl die vorliegenden Untersuchungsergebnisse diese Behauptung nur teilweise untermauern können.

Was die Intimität von Freundschaften betrifft, so gibt es erwartungsgemäß Hinweise darauf, daß Freunde intimere Information austauschen als Nicht-Freunde, aber es ist nicht eindeutig, daß Mädchenfreundschaften intimer als Jungenfreundschaften sind. Dies ist zwar nicht auszuschließen, jedoch gibt es eher Anzeichen dafür, daß Freundinnen die Intimität ihrer Beziehungen in anderer Weise ausdrücken als Jungen, so daß Unterschiede zwischen den Geschlechtern weniger im Grad als vielmehr in der Art der Intimität zum Ausdruck kommen.

Über Geschlechterunterschiede in der Intensität von Freundschaftsbeziehungen kann man bisher keine Aussagen machen, da geeignete Untersuchungen nicht vorliegen.

Geschlechtstypische Präferenzen für Sozialbeziehungen unterschiedlichen Umfangs sind offensichtlich von einer Reihe von Bedingungen abhängig. So scheinen Jungen Spiele im Freien solchen im Raum vorzuziehen und dann in größeren Gruppen zu spielen als Mädchen. Und Mädchen bevorzugen anscheinend Zweierbeziehungen vor dem Zusammensein in größeren Gruppen. Inwieweit aber derartige Präferenzen auch auf Freundschaften übertragen werden und dann auch nur auf solche von beliebten oder sehr beliebten Kindern, so daß man sagen könnte, daß Jungen weniger enge Freunde haben als Mädchen, ist derzeit noch unklar.

Mädchen schließen häufiger ein drittes Kind, das Freundschaft mit ihnen anknüpfen möchte, aus ihrer Beziehung aus als Jungen – ein Ergebnis, das noch der Bestätigung durch Beobachtungsdaten bedarf.

11 Dauer und Beendigung von Freundschaften

Die Anfänge von Erwachsenenfreundschaften reichen nicht selten bis in die Kindheit hinein, und was im Kindergarten und in der Schule begonnen hat, kann ein ganzes Leben lang andauern.

Was aber ist mit all den anderen Freundschaftsbeziehungen von Kindern, denen solche Dauer nicht zuteil wird?

- Wie lange halten sie an?
- Welche inneren und äußeren Faktoren, welche individuellen Merkmale und situativen Umstände beeinflussen die Dauer einer Freundschaft?
- Gibt es Beziehungsmuster unterschiedlicher Dauer?
- Dauern Jungen- und Mädchenfreundschaften unterschiedlich lange?
- Wechseln Kindergartenkinder häufiger ihre Freunde als Schulkinder?
- Führt der Wegzug eines Kindes immer zum Abbruch der Beziehung?
- Auf welche Weise enden Freundschaften?

Zur Beantwortung dieser und anderer Fragen darf man zum einen kein zu enges Freundeskriterium wählen, indem man etwa nach dem besten Freund oder den 3

besten Freunden fragt. Denn eine Freundschaft kann zwar Jahre überdauern, aber dabei ihren Charakter verändern: aus einer lockeren wird eine enge Beziehung, ein bester Freund wird zu einem guten Freund usw.

Zum anderen kann die Frage nach der Dauer von Beziehungen nur dann beantwortet werden, wenn sich die Untersuchung entweder mindestens bis zum Ende einer bestehenden Freundschaft erstreckt oder wenn eine zurückblickende Befragung nachträglich Dauer und Verlauf von Freundschaften zu erfassen versucht. Beide Möglichkeiten bieten keine befriedigende Lösung des Problems. Empirische Untersuchungen können aus verständlichen Gründen eine bestimmte Dauer in der Regel nicht überschreiten. Lebenslange Längsschnittstudien sind daher die Ausnahme und im Zusammenhang mit Freundschaft noch nicht durchgeführt worden. Befragungen dagegen, die sich auf bisherige Freundschaften beziehen, führen zu ungenauen Daten, besonders wenn Kinder sich an ehemalige Freunde nicht mehr erinnern können oder erinnern wollen; außerdem erlauben sie keine vollständige Angabe über noch bestehende Beziehungen.

Es ist daher wenig informativ, wenn wir erfahren, daß in verschiedenen Studien ein Zeitraum von 2 Wochen bis 6 Jahren für enge Freundschaften genannt wird (Ladd 1983; Ladd u. Emerson 1984; Lever 1976; Oswald u. Krappmann 1984; Schaar 1937). Zudem liegen nur wenige Untersuchungen vor, in denen eine differenzierte Auswertung, etwa nach Alter oder Geschlecht vorgenommen wurde.

Um Kenntnisse über die verschiedenen Bedingungen der Freundschaftsdauer zu erlangen, hat die Forschung einen anderen und einfacheren Weg eingeschlagen, der freilich nur erste Anhaltspunkte bieten kann.

In einer Reihe von Arbeiten ist die sog. Stabilität bzw. Fluktuation von Freundschaften untersucht worden: man stellt den Kindern nach einem Zeitraum von meist 2 bis 4 Wochen die gleichen Fragen über ihre Freunde wie beim ersten Mal. Anhand dieser Angaben kann man den Prozentsatz von Freunden bestimmen, der auch nach Ablauf des Zeitintervalls noch vorhanden ist, oder man berechnet einen Korrelationskoeffizenten, der angibt, wie relativ ähnlich die Freundschaftsnennungen zu beiden Zeitpunkten sind. Derartige Berechnungen lassen sich ohne weiteres für verschiedene Merkmale der Kinder wie Alter, Schichtzugehörigkeit etc. vornehmen.

Wir können diesen Untersuchungen zunächst entnehmen, daß bereits Kindergartenkinder nicht so oft ihre Freunde wechseln, wie es gelegentlich den Anschein hat, sondern relativ stabile Beziehungen eingehen (Biehler 1954; McCandles u. Marshall 1957; Roopnarine 1984). Diese Aussage mag angesichts der verwendeten kurzen Zeitintervalle als voreilig erscheinen, sie wird aber durch

Ergebnisse aus längerfristig angelegten Studien (9 Monate) gestützt, wobei wechselseitige Freundschaften erheblich stabiler waren als einseitige (Gershman u. Hayes 1983; LaFreniere u. Charlesworth 1983).

Wir wissen auch, daß schon sehr kleine Kinder enge wechselseitige Beziehungen eingehen können (vgl. Kap. 3). Was derart früh geknüpfte Beziehungen so dauerhaft macht, kann man bisher nicht sagen. Es könnte sich dabei um Kinder mit besonders starker Bindungsfähigkeit handeln (oder starkem Bindungsbedürfnis) oder um sozial und kognitiv besonders weit entwickelte Kinder. Auch mögen besondere Umstände die Entstehung solch einer Beziehung herbeigeführt haben.

Es gibt zumindest 2 Bedingungen für die Stabilität *früher Freundschaften*:

- Emotional gestörte Klein- und Vorschulkinder gehen anscheinend nur sporadische Beziehungen ein, während normale Kinder stabile Freunde haben und außerdem neue sporadische Beziehungen aufnehmen (Howes 1983).
- Kindergartenkinder aus höheren Sozialschichten hatten mehr dauerhafte Freundschaften als Kinder aus niedrigeren (Strätz u. Schmidt 1982).

In der *Schule* ist es ähnlich wie im Kindergarten: Mit zunehmendem Alter nimmt die Stabilität der Freundschaftswahlen zu, unabhängig davon, ob es Jungen oder Mädchen, Stadt- oder Landkinder sind (Berndt u. Hoyle 1985; Bukowski u. Newcomb 1984; Busk et al. 1973; Hallinan u. Tuma 1978; Horrock u. Buker 1951; Horrock u. Thompson 1946; Tuma u. Hallinan 1979). Auch bei ihnen sind wechselseitige Beziehungen stabiler als einseitige (Berndt et al. 1986; Bukowski u. Newcomb 1984). Allerdings sind die Freundschaften im Schulalter nicht stabiler als im Vorschulalter, zumindest innerhalb solch kurzer Zeitintervalle, wie sie hier verwendet wurden.

Bei der Stabilität von Freundschaften spielen unter anderem folgenden Faktoren eine Rolle:

- *Emotionale Anpassung.* Kinder zwischen 7 und 13 Jahren mit emotionalen Anpassungsschwierigkeiten wechselten ihre Freunde öfter als normal entwickelte Kinder (Davids u. Parenti 1958). Da emotional gestörte Kinder in ihrer sozial-kognitiven Entwicklung hinter normalen Kindern zurückgeblieben sind (vgl. Selman 1984), dürfte ein weniger reifes Freundschaftsverständnis für die größere Fluktuation ihrer Freundschaften mit verantwortlich sein.
- *Gegenwartsbezug.* In derselben Untersuchung hatten emotional gestörte Jungen um so stabilere Freundschaften, je stärker sie an der Gegenwart orientiert waren. Gegenwartsorientierung kann daher bei Elfjährigen als Zeichen für gesunde Anpassung interpretiert werden, Zukunftsorientierung als Zeichen der Unzufriedenheit mit der derartigen Situation.
- *Geistige Retardation.* Auch retardierte Kinder sind in ihren Freundschaftsbeziehungen instabiler als normale, worauf einseitige Freundschaftswahlen hinweisen (Kay u. McKinney 1967). Das geringer entwickelte Freundschaftsverständnis dürfte dabei mit von Einfluß gewesen sein.
- *Schichtzugehörigkeit.* Kinder aus höheren Sozialschichten hatten dauerhaftere Freundschaften als Kinder aus niedrigeren (Zillig 1939).
- *Wärme vs. Distanziertheit.* Dieser Faktor kann ebenfalls Einfluß auf die Stabilität ausüben (Maas 1968).

Merkmale der Schulorganisation (Arbeit mit Kleingruppen, Homogenität der Aufgaben) sind dagegen von sehr geringer Bedeutung für die Stabilität von Freundschaften (Hallinan u. Tuma 1978; Tuma u. Hallinan 1979; Wagner 1990).

In der Literatur wird die Stabilität von Freundschaften lediglich unter ihrem temporalen Aspekt betrachtet: dem der Dauer einzelner Beziehungen bzw. der Fluktuation von Beziehungen innerhalb einer bestimmten Gruppe in einem (kurzen) Zeitintervall. Der Stabilitätsbegriff enthält jedoch noch eine weitere Bedeutungskomponente: die der Dauerhaftigkeit bzw. der Festigkeit und Widerstandsfähigkeit von Beziehungen. Beide Komponenten müssen als voneinander unabhängig behandelt werden, denn eine Freundschaft kann z.B. eng, aber von kurzer Dauer sein, während sich eine andere über Jahre erhält, aber von Phasen geringer Intimität und Intensität getragen wird.

Eine Freundschaft kann man als um so widerstandsfähiger bezeichnen, je besser sie innere und äußere Störungen zu bewältigen vermag.

Innere Störungen können entstehen, wenn die Zuneigung eines Partners abnimmt, wenn die Kinder sich in ihren Vorlieben und Interessen auseinanderentwickeln, vor allem aber, wenn Konflikte zwischen den Kindern auftreten. Je nach dem Niveau des Freundschaftsverständnisses können Art, Häufigkeit und Schwere von Konflikten sowohl die Dauer als auch die Dauerhaftigkeit einer Beziehung beeinflussen (vgl. Kap. 6), wobei der Stärke der wechselseitigen Zuneigung eine Schlüsselrolle zukommen dürfte.

Unter äußeren Störfaktoren sind Eingriffe von Eltern und Lehrern zu nennen, Trennung durch Umsetzen innerhalb des Klassenzimmers, Krankheit, Umschulung oder Wegzug, potentielle neue Freunde (Reininger 1929). Als Ursache für aufgelöste Freundschaften gaben Sechstkläßler als häufigste Gründe an (Austin u. Thompson 1948):

- *Mangel an Kontakt* (wobei mütterliche Intervention genannt wurde, aber auch, daß man mit dem anderen nicht spielt, obwohl man ihn mag; 14,5 %);
- *Streit* (10,9 %); Nicht-zusammen-passen (der andere wollte kein Freund sein oder spielt mit anderen 7,9 %);
- *das eingebildete oder rechthaberische* (7,3 %), *treulose oder hinterhältige Verhalten* (6,1 %) *des anderen.*

Die Angaben geben insofern nicht viel Aufschluß, da sie zum einen sehr verschiedenartige Information unter einer Kategorie zusammenfassen und sich zum anderen nur auf unilaterale (einseitige) Freundschaften beziehen.

Aufkündigung und Abbruch von Freundschaften sind der Beobachtung aus naheliegenden Gründen schwer zugänglich. Zum einen ist es ethisch nicht zu rechtfertigen, eine Situation für Kinder so zu gestalten, daß sie zu schweren Zerwürfnissen führt; zum anderen dürfte eine Freundschaft selten gerade zum Zeitpunkt der Beobachtung beendet werden, zumal in Anwesenheit eines Dritten (außer vielleicht bei kleinen Kindern).

Man wird daher die Kinder über den Abbruch ihrer Beziehungen befragen müssen, wobei damit zu rechnen ist, daß bestimmte Begebenheiten vergessen werden, andere wegen ihrer vermeintlichen Bedeutungslosigkeit nicht erwähnt werden, und auch damit, daß Kinder über eine vor kurzem einseitig aufgekündigte Freundschaft nicht sprechen wollen.

Wenn daher nicht zugleich persönliche Faktoren und situative Bedingungen berücksichtigt werden, dürften die Ergebnisse kaum sehr informativ sein (Austin u. Thompson 1948).

Obwohl also Befragungen zu Beeinträchtigung und Auflösung von Freundschaften möglich wären, sind sie kaum durchgeführt worden.

Grundlage für die offenbar einzige Studie (Shapiro 1967) war erstens die These von Homans, daß eine Verminderung sozialer Interaktionen zwischen Partnern zu einer Beendigung ihrer Beziehung führe, und zweitens die Untersuchungsergebnisse an Studenten (Newcomb), wonach eine geringe Ähnlichkeit der Partner und eine geringe Intensität der Beziehung die Auflösung der Freundschaft begünstigt. Befragt wurden Jungen und Mädchen im Alter von 8 bis 15 Jahren, die 4 Wochen in einem Sommerlager verbrachten und in der 2. Woche ihres Aufenthaltes für 4 Tage in verschiedene Teams eingeteilt wurden, um eine Art olympischer Spiele durchzuführen:

- Experimental- und Kontrollgruppe unterschieden sich nicht wesentlich in der Häufigkeit, mit der Freundschaftsbindungen (im Laufe von 12 Tagen nach den Spielen) gelöst wurden.
- Freunde, die andere Einstellungen zu Lagerangelegenheiten hatten (unabhängig von ihrer Bedeutung) lösten ihre Beziehung öfter auf, besonders dann, wenn sie im selben Team waren.
- Kinder, die sich stark zueinander hingezogen fühlten, bewahrten ihre Freundschaft, vor allem dann, wenn sie verschiedenen Gruppen zugeordnet waren.
- Wie vermutet, lösten sich jüngere Kinder (vor der Pubertät) und Mädchen häufiger aus ihren Beziehungen.

Auch hier werden vermutlich Unterschiede im sozial-kognitiven Niveau der Partner die Ergebnisse beeinflußt haben.

Zusammenfassung

Über die Dauer verschiedener Kinderfreundschaften gibt es bisher keine zuverlässigen Angaben.

Für den meist kurzen Untersuchungszeitraum (von wenigen Wochen) läßt sich feststellen, daß bereits Vorschulkinder relativ stabile Freundschaften eingehen, wobei wechselseitige Beziehungen länger dauern als einseitige.

Die Stabilität von Freundschaften wird ferner von folgenden Faktoren beeinflußt: der emotionalen Reife der Kinder, ihrem Gegenwartsbezug, ihrem geistigen Entwicklungsstand, ihrer Schichtzugehörigkeit.

Wie sich die Dauerhaftigkeit und Widerstandsfähigkeit von Freundschaften gegenüber inneren und äußeren Störungen entwickelt, ist noch nicht untersucht, auch gibt es kaum Information über deren Beendigung außer dem Hinweis, daß die wechselseitige Zuneigung offenbar von ausschlaggebender Bedeutung ist.

12 »Empfehlungen für Eltern«

Falsche Freunde

Vielen Eltern wird die Erfahrung nicht erspart bleiben, daß ihre Kinder Freunde mitbringen, an denen sie als Eltern etwas auszusetzen haben oder die ihnen nicht als geeignete Spielpartner für ihre Kinder erscheinen. Anstatt gleich einzugreifen und dem Kind den Umgang mit dem anderen zu verbieten, ist es ratsam, sich zuerst verschiedene Fragen zu beantworten:

- Weshalb ist der andere Junge/das andere Mädchen der falsche Freund/die falsche Freundin?
- Lehne ich das andere Kind ab, weil es mir unsympathisch ist, weil es nachlässig (»schlampig«) oder zu extravagant gekleidet ist, weil es dauernd Kaugummi kaut oder Süßigkeiten ißt, weil es schlechte Manieren hat (nicht einmal guten Tag sagen kann, in der Nase bohrt usw.), weil es unzuverlässig ist, weil es aus einfachen oder zu wohlhabenden Verhältnissen kommt, weil ich seine Eltern nicht mag, weil das Kind in einem kriminellen Umfeld lebt, weil es zu weit weg wohnt, weil es das Kind von Ausländern ist etc.?

- Was befürchte ich für mein Kind? Ein schlechtes Vorbild? Einen ungünstigen Einfluß? Und falls ja: in welcher Hinsicht? Wird es mein Kind von Schularbeiten ablenken, zum Herumstrolchen verleiten, zu schlimmen Streichen anstiften, zur Konsumorientierung (ständiges Fernsehen, Naschen etc.) führen usw.?

Wer nicht zu viele negative Antworten »verbucht«, sollte auch nach möglichen positiven Auswirkungen der neuen Beziehung suchen:

- Kann mein Kind dem anderen bei Schulaufgaben helfen oder umgekehrt von ihm lernen?
- Kann es Spiele mit ihm spielen, für die es sonst keine Partner findet?
- Freut es sich auf den Besuch des Freundes? Fühlt es sich wohl in der Anwesenheit des anderen?
- Gibt es weniger Konflikte mit diesem Freund als mit anderen? Wie werden Konflikte beigelegt im Vergleich zu Auseinandersetzungen mit anderen Kindern?
- Ist mein Kind aufgrund der neuen Beziehung aktiver, aufgeschlossener, fröhlicher etc.?

Auf viele der hier aufgeführten Fragen wird man eine Antwort finden, wenn man sich die Mühe macht, das Verhalten beider Kinder zueinander zu beobachten – und dies kann oft am einfachsten in der eigenen Wohnung geschehen. Dabei ist eine gewisse Zurückhaltung zweckmäßig, um nicht jeden Konflikt und jede negative Verhaltensweise überzubewerten. Auch unangenehme Situationen sind für ein Kind Lernsituationen, die es bewältigen muß. Im günstigsten Fall entdeckt ein Kind von selbst, daß es sich nicht lohnt, die Freundschaft mit dem

Partner fortzuführen. Das wird sich z.B. eher dann ergeben, wenn der neue Freund ein Ersatz für andere ist, die etwa wegen Krankheit oder wegen eines vorübergehenden Zerwürfnisses nicht verfügbar sind.

Ist das Kind nicht in der Lage oder nicht gewillt, eine aus Sicht der Eltern ungünstige Beziehung aufzugeben, dann sollte man abwägen, ob man ihm den Umgang mit dem Freund verbietet und damit riskiert, daß die Kinder sich heimlich treffen, ob man längere Zeit abwartet und hofft, daß die Beziehung sich lockert oder ob es sinnvoll erscheint, das Verhalten des Freundes in andere Bahnen zu lenken, indem man z.B. bestimmte Tätigkeiten vorschlägt, die den Kindern Spaß machen und die man zugleich unaufdringlich überwachen kann.

Zu bedenken ist auch, wie sehr das Kind darunter leidet, wenn man ihm die Fortführung einer Beziehung untersagt, und ob man in der Lage ist, ihm attraktivere Freunde »anzubieten«.

Ein sofortiges Eingreifen ist dagegen nur in Extremfällen angezeigt: wenn die Kinder sich Verletzungen zufügen, Spielzeug absichtlich kaputt machen, Möbel zerkratzen usw.

Fachkundigen Rat sollte man sowohl dann suchen, wenn das Kind nur noch auf diese eine Beziehung »fixiert« ist, die auch von außenstehenden Beobachtern (Lehrern, anderen Eltern) als ungünstig angesehen wird, als auch dann, wenn ein Kind immer wieder ähnliche ungünstige Beziehungen anknüpft.

Häufiger Wechsel von Freunden

Was bedeutet es, wenn ein Kind ständig andere Spielkameraden mit nach Hause bringt? Kann es keine engen Beziehungen zu anderen Kindern eingehen? Wollen andere nicht mit ihm befreundet sein und kommen nur mit, wenn ihre eigentlichen Freunde verhindert sind, so daß es lediglich als Ersatz für andere dient? Will das Kind seinen Eltern zeigen, wieviele »Freunde« es hat oder will es möglichst vielen Kameraden seine »Schätze und Besitztümer« vorführen?

Zunächst sollte man feststellen, wie viele verschiedene Kinder tatsächlich innerhalb eines bestimmten Zeitraumes mitgebracht werden: 3 innerhalb einer Woche, 5 innerhalb eines Monats oder jeden 2. Tag ein anderes Kind?

Um einigermaßen zuverlässige Angaben zu erhalten, empfiehlt es sich, über einen längeren Zeitraum hinweg (2 bis 3 Monate) Aufzeichnungen zu machen, wobei die Umstände zu berücksichtigen sind, die die Spielmöglichkeiten mit anderen beeinträchtigen oder steigern (z.B. Krankheiten, Geburtstagsfeiern).

Um beurteilen zu können, ob die so ermittelte Anzahl verschiedener Spielkameraden tatsächlich zu groß ist, genügt es nicht, sie an den eigenen elterlichen Vorstellungen von Zuviel oder Zuwenig zu messen. Man muß sie auch mit denen anderer Klassenkameraden oder Kindergartenkinder vergleichen. Aber selbst wenn ein solcher Vergleich zeigt, daß das eigene Kind deutlich mehr Freunde hat als andere Kinder, muß das noch kein Anlaß zur Besorgnis sein. Denn nach dem, was wir heute wissen, unterscheiden sich Kinder auch bezüglich der Anzahl ihrer Freunde ganz erheblich voneinander.

Um Orientierungshilfen zu gewinnen, bedarf es daher zusätzlicher Information, nämlich darüber, wie das eigene Kind sich gegenüber anderen verhält. Eine naheliegende Quelle für solche Information besteht darin, die Kinder unauffällig beim Spiel oder den Hausaufgaben mit anderen zu beobachten. Anlaß zur Sorge ist erst dann angebracht, wenn das Kind immer bestimmen will, was gespielt wird, den anderen gegenüber herrschsüchtig und rechthaberisch auftritt und nicht nachgeben will oder kann, wenn Streit oft nicht beigelegt wird, sondern eskaliert und der Spielkamerad verärgert nach Hause geht. Derartige immer wieder auftretende Unzulänglichkeiten im Umgang mit anderen können sich durch Gewohnheit verfestigt haben, können aber auch als Ausdruck eines weniger reifen Freundschaftsverständnisses begriffen werden.

Für Eltern bietet sich dann die Möglichkeit an, ihr Kind auf günstigere Verhaltensalternativen hinzuweisen und auch in Konflikte direkt einzugreifen (durch Schlichtungsvorschläge), um dem Abbruch der Beziehung vorzubeugen. Sie können versuchen, dem Kind klarzumachen, daß zur Freundschaft auch Nachgeben, Eingehen auf den anderen, Rücksichtnahme auf dessen Wünsche gehören und nicht nur das Durchsetzen eigener Ziele – vor allem dann, wenn man in der Rolle des Gastgebers ist.

Der Erfolg wird allerdings von der Bereitschaft des Kindes abhängen, diese Argumente anzuhören, und von seiner Fähigkeit, sie zu verstehen. Andernfalls ist daran zu denken, einen Psychologen aufzusuchen.

Nicht immer aber läßt sich am Verhalten des Kindes zu anderen ablesen, daß es seine Schwierigkeiten selbst herbeiführt. Dann muß man andere Informationsquellen benutzen, indem man zuerst das Kind selbst befragt (was ihm an seinen Freunden nicht gefällt und seinen Freunden nicht an ihm und den Gründen dafür) und sich anschließend mit dem Lehrer bzw. der Erzieherin oder den Müttern von Spielkameraden ausspricht. Es können dabei Gründe für häufige Freundeswechsel zutage treten, an die man seltener denkt: das eigene Kind spricht anders als seine Kameraden (Dialekt oder Hochsprache), ist anders angezogen, macht Spiele nicht mit, ist aggressiv. Was die Eltern nicht allein bewältigen, können sie in Zusammenarbeit mit Lehrern oder Müttern oder auch mit Unterstützung von Pädagogen und Psychologen zu erreichen versuchen.

Mein Kind ist ein Einzelgänger

Hat ein Kind keine Freunde, weil es keine braucht und sich selbst genug ist, weil es keine findet, die seinen Ansprüchen und Vorstellungen entsprechen, weil niemand etwas von ihm wissen will (es abgelehnt wird) oder gar weil es von allen »links liegengelassen« wird?

Ob es Kinder gibt, die tatsächlich kein Bedürfnis nach Freundschaft empfinden, ist fraglich. Unter psychisch gesunden Kindern dürfte dies sehr selten vorkommen. Und auch dann wird man fragen müssen, ob nicht ihre soziale und emotionale Entwicklung langfristig dadurch beeinträchtigt werden kann. In jedem Fall sollten die Eltern von einem Fachmann abklären lassen, ob die bisherige Entwicklung des Kindes normal verlaufen ist und ob für die künftige Entwicklung mit Störungen zu rechnen ist.

Häufiger hingegen wird ein Kind ohne Freunde sein, weil es sich mit Dingen beschäftigt, für die Gleichaltrige entweder kein Interesse mehr haben (etwa an Spielen für viel jüngere Kinder) oder aber noch nicht haben (z.B. für technische oder musische Leistungen Hochbegabter). Abhilfe läßt sich dadurch schaffen, daß man versucht, Gleichaltrige mit ähnlichen Interessen zu finden, auch wenn das mit zusätzlichem Aufwand (z.B. längeren Autofahrten) verbunden ist.

In vielen Gruppen gibt es ein oder zwei Kinder, die von ihren Kameraden nicht beachtet oder sogar abgelehnt werden. Mit einem Wechsel der Gruppe ist es hier nicht schon getan, da auch in einem neuen sozialen Umfeld der frühere soziale Status oft wiederhergestellt wird. Man muß daher die jeweiligen Gründe für Nichtbeachtung oder Ablehnungen herauszufinden suchen.

Dazu ist es nützlich, diejenigen zu befragen, die entsprechend Gelegenheit zur Beobachtung des Kindes haben: Erzieher, Lehrer und Klassenkameraden bzw. Mitglieder der Kindergartengruppe. Aus naheliegenden Gründen sollten Eltern die Befragung von Gleichaltrigen dem jeweiligen Gruppenleiter überlassen. Auch Beobachtungen des Kindes in seiner gewohnten Umgebung seitens Dritter sind eine Möglichkeit, Auskunft über das Verhalten des eigenen Kindes zu erhalten. Dabei kann sich herausstellen, daß ein Kind seinen Mitschülern aggressiv begegnet, immer den Ton angeben will, sich als Angeber erweist und anderes mehr.

Ohne die Gründe für solche Verhaltensweisen zu kennen, ist es allerdings oft nicht möglich, eine Veränderung herbeizuführen, wobei die Mithilfe von Erziehern und Eltern, evtl. auch die eines Psychologen gesucht werden sollte.

Mein Kind ist ständig bei seinen Freunden

Auch in diesem Fall gilt es vorab zu klären, was genau mit der Aussage gemeint ist. Für manche Eltern heißt »ständig«, daß ihr Kind immer dann, wenn es mit anderen spielen darf, zu seinen Freunden geht: zwei-, drei-, oder viermal in der Woche. Für andere Eltern mag es bedeuten, daß ihr Kind tatsächlich den größten Teil seiner (außerschulischen) Zeit bei Freunden verbringt.

Aber mit der Feststellung der Häufigkeit und Dauer des Besuchs bei Freunden ist das eigentliche Problem noch nicht erkannt. Machen Eltern sich Sorgen, weil ihr Kind keinen Besuch von Freunden erhält, oder wünschen sie sich, daß ihr Kind mehr Zeit in ihrer Nähe verbringt.

1. Wenn ein Kind immer nur zu seinen Freunden geht, so kommen dafür eine Reihe von Gründen in Betracht:

- die Wohnung ist zu klein oder erscheint den Kindern zu klein,
- die Mutter möchte (eigentlich) nicht, daß öfter Freunde kommen,
- Kinder dürfen nur leise spielen,
- die Mutter ist zu neugierig oder überfürsorglich und stört die Kinder ständig mit ihren Fragen,
- die Mutter ist zu streng,
- das Kind besitzt zu wenig attraktives Spielzeug (es ist »langweilig« bei ihm, sowohl für das Kind selbst als auch für seine Freunde),
- die Mutter eines Freundes »verwöhnt« die Kinder.

Es ist weniger problematisch, wenn ein Kind gerne bei anderen spielt oder mit ihm Hausaufgaben macht, als wenn es zugleich das eigene Zuhause aus einem der genannten Gründe ablehnt. Darüber sollte man mit dem Kind selbst sprechen oder mit den Eltern seiner Freunde. Wenn die Beziehung der Eltern zum Kind nicht ernsthaft gefährdet ist, läßt sich hier Abhilfe schaffen.

2. Die Eltern möchten mehr Zeit mit ihrem Kind verbringen. Da dieser Wunsch mit zunehmendem Alter der Kinder immer schwieriger zu befriedigen ist, sollten die Eltern – wenn sie nicht zu unergiebigen Anordnungen und Verboten Zuflucht nehmen wollen – ihrem Kind und seinem Freund attraktive Angebote machen: gemeinsame Ausflüge, Spiele, Kinobesuche etc. Wenn sich dies nicht ohne Schwierigkeiten realisieren läßt, kann man sich mit anderen Eltern beraten, vielleicht auch einmal mit ihnen und ihren Kindern gemeinsam etwas unternehmen. Am nächstliegenden aber ist es, die Situation mit dem Kind selbst zu besprechen.

Unser Kind hat zuwenig Freunde

Wie viele Freunde sind zuwenig: einer, zwei oder gar drei? Hat das Kind ebenfalls den Eindruck, zu wenig Freunde zu besitzen? Wie viele Freunde haben Gleichaltrige im Durchschnitt und wie viele Freunde sind in ihren Augen eine »angemessene« Anzahl?

Man ersieht aus diesen Fragen, daß jedes Urteil über eine angemessene oder normale Freundesanzahl von der je zugrunde gelegten Norm abhängt: von den persönlichen Normen (oder »Sollensvorstellungen«) der Betroffenen (den Eltern, dem Kind, den Peers) und den objektiv beschreibenden Normen (durchschnittliche Anzahl von Freunden bei Kindern einer bestimmten Altersstufe).

Besitzt ein Kind »nur« einen einzigen Freund, mit dem es gern und oft zusammenkommt, mit dem es sich gut versteht und der seine Zuneigung erwidert, so besteht für die Eltern kein Anlaß zur Beunruhigung, selbst wenn sich herausstellen sollte, daß andere Gleichaltrige im Durchschnitt drei oder vier Freunde haben. Eine einzige enge und befriedigende Bindung wiegt schwerer als eine Menge lockerer, oberflächlicher Beziehungen. Vorausgesetzt ist hier freilich, daß der Freund kein negatives Vorbild darstellt. Auch sollte diese eine Freundschaft nicht dazu führen, daß beide Kinder von ihrer Gruppe isoliert werden.

Hinter der von Eltern bedauerten Unzulänglichkeit können sich jedoch andere Probleme verbergen: Der Freund kann aus Verhältnissen stammen, die den Eltern nicht zusagen (aus einer zu wohlhabenden Familie, aus einer Ausländerfamilie etc.), so daß sie sich zumindest *eine* weitere Freundschaft für ihr Kind wünschen. Der Freund kann aber auch ein außerschulischer Freund sein, was dann nichts anderes heißt, als daß das Kind innerhalb seiner Klasse keinen Freund gefunden hat. Dann sollten die Eltern sich bemühen herauszufinden, ob diese Situation durch zufällige Umstände entstanden ist oder ob hier Nichtbeachtung des Kindes oder Ablehnung durch seine Klassenkameraden die Ursache sind.

Mein Kind hat nur jüngere Freunde

Der Altersabstand zwischen Kindern hat in verschiedenen Altersbereichen unterschiedliches entwicklungspsychologisches Gewicht. So sind z.B. Vierjährige gegenüber Dreijährigen in der Regel wesentlich weiter entwickelt als Neunjährige gegenüber Achtjährigen. Man sollte daher eher auf Entwicklungs- als auf Altersunterschiede achten.

Umgibt sich ein Kind ausschließlich mit Freunden, die geistig und körperlich auf einem früheren Entwicklungsniveau stehen als es selbst (wie man aufgrund seines Alters annehmen sollte), so kommen dafür verschiedene Ursachen in Betracht:

- das Kind wird von Gleichaltrigen abgelehnt oder nicht beachtet,
- das Kind kann sich gegenüber Jüngeren leichter durchsetzen,
- das Kind ist körperlich oder geistig nicht so weit entwickelt wie Gleichaltrige,
- das Kind hat ein seinem Alter nicht angemessenes Freundschaftsverständnis.

In jedem Fall sollte eine Abklärung der Ursachen vorgenommen werden. Dies kann mit einer Befragung des Kindes selbst beginnen, die dann auf Erzieher und Lehrer ausgeweitet wird. Vor allem zur Diagnose von Entwicklungsrückständen (s. die beiden letztgenannten Ursachen) wird am besten ein Fachmann hinzugezogen, der auch Ratschläge für therapeutische Maßnahmen zu geben vermag.

Der beste Freund unseres Sohnes ist ein Mädchen

Dieser Fall tritt selten ein und kann schon deshalb Anlaß zur Beunruhigung sein. Besonders betroffen sind davon Eltern, die eine betont geschlechtstypische Erziehung mit einer entsprechenden Abgrenzung männlicher und weiblicher Eigenschaften verfolgen. Solche Eltern sehen darin die Gefahr der Abweichung von einer »jungenhaften« Entwicklung, die dazu führt, daß ihr Junge kein »richtiger Junge« wird.

In der Tat besteht die Gefahr, daß solch ein Junge später nicht dem angestrebten Ideal stereotyper Männlichkeit entspricht: seine Interessen könnten nicht nur auf Technik und Naturwissenschaften gerichtet sein, seine Sensibilität gegenüber den Bedürfnissen seiner Mitmenschen könnte zu ausgeprägt sein, um die geforderte »Ellenbogenkarriere« erfolgreich durchzusetzen.

Soweit allerdings ist die Forschung noch nicht. Bisher sprechen einige Daten eher dafür, daß beide Kinder aus einer die Geschlechter übergreifenden Beziehung Nutzen ziehen: Sie zeigen mehr positive Gefühle und spielen mehr komplexe und kooperative Spiele miteinander (Howes 1988; allerdings kann es sein, daß diese Kinder bereits anders erzogen wurden, so daß Freundschaften mit andersgeschlechtlichen Kindern überhaupt möglich wurden).

Auch beunruhigte Eltern müssen nicht gleich nach Abhilfe suchen, denn daß diese Freundschaft des Kindes die einzige oder einzig enge bleibt, ist sehr unwahrscheinlich. Daher reicht es aus, sich in etwas Geduld zu üben und zu versuchen, auch die positiven Aspekte dieser sozialen Erfahrung für das Kind wahrzunehmen.

Der beste Freund zieht weg

Kinder erfahren vermutlich am deutlichsten und intensivsten die Unersetzbarkeit eines engen Freundes, wenn sie von ihm getrennt werden. Anders als beim elterlichen Verbot, eine bestimmte Freundschaftsbeziehung fortzuführen, das vom Kind umgangen werden kann, hat es selten die Möglichkeit, die räumliche Entfernung zum Freund zu überwinden.

Der Schmerz des Verlustes läßt sich lindern, wenn man dem Kind in Aussicht stellt, die Beziehung zum

Freund brieflich und telefonisch aufrechtzuerhalten, und wenn gar die Möglichkeit besteht, daß die Freunde ihre Ferien miteinander verbringen. Trennungstränen und häufiges Fragen nach dem Freund können über mehrere Wochen oder Monate hin anhalten. Sie sind kein Anlaß zur Beunruhigung, ebensowenig wie der Verzicht, in dieser Zeit mit anderen Kameraden zu spielen. Elterlicher Trost sollte allerdings vermeiden, auf alternative Partner hinzuweisen, um nicht als Gegenreaktion die Zurückweisung anderer Kinder als künftige Spielpartner hervorzurufen.

Literatur

Aboud FE (1989) Disagreement between friends. International Journal of Behavioral Development 12:495–508

Abramovitch R, Strayer F (1978) Preschool social organization:Agonistic, spacing, and attentional behaviors. In: Krames L, Pepliner P, Alloway T (eds) Aggression, dominance, and individual spacing. Plenum, New York, London

Almack JC (1922) The influence of intelligence on the selection of associates. School Society 16:529–530

Ames J (1953) When children are newcomers. Childhood Education 30:16–19

Asher SR, Singleton LC, Tinsley BR, Hymel S (1979) A reliable sociometric measure for preschool children. Developmental Psychology 15:443–444

Austin AB, Draper DC (1984) Verbal interactions of popular and rejected children with their friends and non-friends. Child Study Journal 14:309–323

Austin MC, Thompson GG (1948) Children's friendships:A study on the bases on which children select and reject their best friends. Journal of Educational Psychology 39:101–116

Barbe WB (1954) Peer relationships of children of different intelligence levels. School and Society 80:60–62

Barker Lunn JC (1970) Streaming in the primary school. A longitudinal study of children in streamed and non-streamed junior schools. National Foundation for Educational Research in England and Wales, Slough

Baumrind D, Black AE (1967) Socialization practices associated with dimensions of competence in preschool boys and girls. Child Development 38:291–327

Beaver AP (1932) The initiation of social contacts by preschool children. Columbia University, New York

Becker JMT (1977) A learning analysis of the development of peer-oriented behavior in nine-month-old infants. Child Development 13:481–491

Belschner W, Hoffmann D (1972) Über den Zusammenhang von Lehrerverhalten und dem soziometrischen Status von Schülern. Psychologie in Erziehung und Unterricht 19:277–285

Berg M, Medrich EA (1980) Children in four neighborhoods:The physical environment and its effect on play and play patterns. Environment and Behavior 12:320–348

Berndt TJ (1981) The effects of friendships on prosocial intentions and behavior. Child Development 52:636–643

Berndt TJ, Hawkins JA, Hoyle SG (1986) Changes in friendship during a school year:Effects on children's and adolescents' impressions of friendship and sharing with friends. Child Development 57:1284–97

Berndt TJ, Hoyle SG (1985) Stability and change in childhood and adolescent friendships. Developmental Psychology 21:1007–1015

Berndt TJ, Perry TB (1986) Children's perceptions of friendship as supportive relationship. Developmental Psychology 22:640–648

Bianchi BD, Bakeman R (1978) Sex-typed affiliation preferences observed in preschoolers:Traditional and open school differences. Child Development 49:910–912

Biehler RF (1954) Companion choice behavior in the kindergarten. Child Development 25:45–50

Bigelow BJ (1977) Children's friendship expectations:A cognitive-developmental study. Child Development 48:246–253

Bigelow B, LaGaipa JJ (1975) Children's written descriptions of friendship:A multidimensional analysis. Developmental Psychology 11:857–858

Bigelow B, LaGaipa JJ (1980) The development of friendship values and choice. In: Foot HC, Chapman AJ, Smith JR(eds) Friendship and social relations in children. Wiley, New York

Boggiano K, Klinger CA, Main DS (1986) Enhancing interest in peer interaction. A developmental analysis. Child Development 57:852–861

Bonney ME (1943) The relative stability of social, intellectual, and academic status in grades II to IV, and the interrelationship between these various forms of growth. Journal of Educational Psycholog 34:88–102

Bridges KMB (1933) A study of social development in early infancy. Child Development 4:36–49

Broberg A, Lamb M, Hwang P (1990) Inhibition:Its stability and correlates in sixteen- to forty-month-old children. Child Development 61:1153–1163

Bühler C (1927) Die ersten sozialen Verhaltungsweisen des Kindes. Fischer, Jena

Buhrmester D, Furman W (1986) The changing functions of friends in childhood:A neo-Sullivan perspective. In: Derlega VJ, Winstead BA (eds) Friendship and social interaction. Springer, Berlin Heidelberg New York

Bukowski WM, Newcomb AF (1984) Stability and determinants of sociometric status and friendship choice. Developmental Psychology 20:941-952

Busk PL, Ford RC, Schulman JL (1973) Stability of sociometric responses in classrooms. Journal of Genetic Psychology 123:69-84

Byrne D (1971) The attraction paradigm. Academic Press, New York

Campbell JD, Yarrow MR (1958) Personal and situational variables in adaptation to change. Journal of Social Issues 14:29-46

Clark AH, Wyon SM, Richards MPM (1969) Free play in nursery school children. Journal of Child Psychology and Psychiatry 10:205-216

Clark ML, Drewry DL (1985) Similarity and reciprocity in the friendships of elementary school children. Child Study Journal 15:251-264

Corsaro WA (1979) »We're friends, right?« Children's use of access rituals in a nursery school. Language in Society 8:315-336

Corsaro WA (1981) Friendship in the nursery school:Social organization in a peer environment. In: Asher SR, Gottman JM (eds) The development of children's friendships.University Press, Cambridge

Corsaro WA (1985) Friendship and peer culture in the early years. Ablex, Norwood, NJ

Davids A, Parenti A (1958) Time-orientation and interpersonal relations of emotionally disturbed and normal children. Journal of abnormal and social Psychology 57:299-305

Dawe HC (1934) An analysis of two hundred quarrels of preschool children. Child Development 5:139-157

Denscombe M, Szulc H, Patrick C, Wood A (1986) Ethnicity and friendship:The contrast between sociometric research and fieldwork observation in primary school classrooms. British Journal of Educational Psychology 12:221-235

DeStefano C (1976) Environmental determinants of peer social behavior and interaction in a toddler playgroup. Unpubl doctoral diss

DeVault MV (1957) Classroom sociometric mutual pairs and residential proximity. Journal of Educational Research 50:605-610

Diaz RM, Berndt TJ (1982) Children's knowledge of a best friend:fact or fantasy? Developmental Psychology 18:787–794

Dion K (1973) Young children's stereotyping at facial attractiveness. Developmental Psychology 9:183–188

Dodge KA, Schlindt DC, Schocken I, Delugach JB (1983) Social competence and children's sociometric status:the role of peer group entry strategies. Merrill-Palmer Quarterly, 29:309–336

Eder G, Hallinan M (1978) Sex differences in children's friendships. American Sociological Review 43:237–250

Erwin PG (1985) Similarity of attitudes and constructs in children's friendships. Journal of Experimental Child Psychology 40:470–485

Feldbaum CL, Christenson TE, O'Neal EC (1980) An observational study of the assimilation of the newcomers to the preschool. Child Development 51:497–507

Fine GA (1980) The natural history of preadolescent male friendship groups. In: Foot HC, Chapman AJ, Smith JR (eds) Friendship and social relations in children. Wiley, New York

Fine GA (1981) Friends, impression management, and preadolescent berhavior. In: Asher SR, Gottman JM (eds) The development of children's friendships. University Press, Cambridge

Foot HC, Chapman A, Smith J (1977). Friendship and social responsiveness in boys and girls. Journal of Personality and Social Psychology 35:401–411

French DC (1984). Children's knowledge of the social functions of younger, older, and same-age-peers. Child Development 55:1429–1433

Freud A, Dann S (1951) An experiment in group upbringing. The Psychoanalytic Study of the Child 6:127–168

Furman W (1987) Acquaintanceship in middle chilhood. Developmental Psychology 23:563–70

Gallagher JJ (1958) Social status of children related to intelligence, propinquity, and social perception. Elementary School Journal 59:225–231

George SW, Krantz M (1981) The effects of preferred play partnership on communication adequacy. Journal of Psychology 109:245–253

Glidewell JC, Kantor MB, Smith LM, Stringer LA (1966) Socialization and social structure in the classroom. In: Hoffman LW, Hoffman ML (eds) Review of child development research, Vol 2. Russell Sage Foundation, New York

Goetz TE, Dweck CS (1980) Learned helplessness in social situations. Journal of Personality and Social Psychology 39:246–255

Gottman JM (1983) How children become friends. Monography of the Society for Research in Child Development 48/3, (Serial No. 201)

Gottman J (1986) The world of coordinated play:Same- and cross-sex friendship in young children. In: Gottman JM, Parker JG (eds) Conversations of friends. Speculations on affective development pp. 139–191.University Press, Cambridge

Gottman JM, Parkhurst, JT (1980) A developmental theory of friendship and acquaintanceship processes. In: Collins WA (ed) Minnesota Symposium on child psychology Vol 13. Erlbaum, Hillsdale NJ

Green E (1933) Friendships and quarrels among preschool children. Child Development 4:237–252

Guardo CJ (1969) Personal space in children. Child Development 40:143–151

Gurucharri C, Phelps E, Selman RL (1984) Development of interpersonal understanding:A longitudinal and comparative study of normal and disturbed youths. Journal of Consulting and Clinical Psychology 252:26–36

Haefele B, Wolf-Filsinger M (1986) Der Kindergarteneintritt und seine Folgen – eine Pilotstudie. Psychologie in Erziehung und Unterricht 33:99–107

Hagman EP (1933) The companionship of preschool children. University of Iowa Studies in Child Welfare 7/4:1–69

Hallinan MT (1982) Classroom racial composition and children's friendships. Social Forces 61:56–72

Hallinan MT, Tuma NB (1978) Classrooms effects on change in children's friendships. Sociology of Education 51:270–282

Harper LV, Huie KS (1985) The effects of prior group experience, age, and familiarity on the quality and organization of preschoolers' social relationships. Child Development 56:701–717

Hartup WW (1977) Peer relations:Developmental implications and interaction in same- and mixed-age situations. Young Children 32:4–13

Hartup WW, Laursen B, Stewart MI, Eastenson A (1988) Conflict and the friendship relations of young children. Child Development 59:1590–1600

Hartup WW, French DC, Laursen B, Johnston MK, Ogawa JR (1993) Conflict and friendship relations in middle childhood:Behavior in a closed-field situation. Child Development 64:445–454

Hay DF, Nash A, Pedersen J (1983) Interaction between six-month-old peers. Child Development 54:557–562

Heckhausen H (1980) Motivation und Handeln. Springer, Berlin Heidelberg New York

Hinde RA, Titmus G, Easton D, Tamplin A (1985) Incidence of »friendship« and behavior toward strong associates versus nonassociates in preschoolers. Child Development 56:234–245

Holmberg M (1980) The development of social exchange patterns from 12 to 42 months. Child Development 51 448–456

Honess T (1980) Self-reference in chidren's descriptions of peers:Egocentricity or collaboration? Child Development 51:476–480

Hoppe-Graff S, Keller M (1988) Einheitlichkeit und Vielfalt in der Entwicklung des Freundschaftskonzeptes. Zeitschrift für Entwicklungspsychologie und Pädagogische Psychologie 20:195–213

Horrocks JE, Buker ME (1951) A study of the friendship fluctuations of preadolescents. Journal of Genetic Psychology 78:131–144

Horrocks JE, Thompson GG (1946) A study of the friendship fluctuations of rural boys and girls. Journal of General Psychology 69:189–198

Howes C (1983) Patterns of friendship. Child Development 54:1041–1053

Howes C (1984) Social interactions and patterns of friendship in normal and emotionally disturbed children. In: Field T, Roopnarine JL, Segal M (eds) Friendships in normal and handicapped children. Ablex, Norwood NJ

Howes C (1987) Peer interaction of young children. Monography of the Society for Research in Child Development 53/1 (Serial No. 217)

Howes C (1988) Same and cross-sex friends:Implications for interaction and social skills. Early Childhood Research Quarterly 3:21–37

Jacobson J, Wille DE (1986) The influence of attachement pattern on developmental changes in peer interaction from the toddler to the preschool period. Child Development 57:338–47

Jarrett OS, Quay LC (1984) Cross-racial acceptance and best friend choice:A study of kindergarteners and first graders in racially balanced classrooms. Urban Education 19:215–225

Jersild AT, Fite HD (1937) Children's social adjustment in nursery school. Journal of Experimental Education 6:161–179

Jones DC (1985) Persuasive appeals and responses to appeals among friends and acquaintances. Child Development 56:757–763

Jormakka L (1976) The behavior of children during a first encounter. Scandinavian Journal of Psychology 17:15–22

Kagan J, Reznick JS, Clarke C, Snidman N, Garcia-Coll C (1984) Behavioral inhibition to the unfamiliar. Child Development 55:2212–2225

Kawwa T, Robertson TS (1970) Mixing and friendship choices. In: Monks TG (ed) Comprehensive education in action. National Foundation for Educational Research, Slough

Kay CL, McKinney JP (1967) Friendship fluctuation in normal and retarded children. Journal of Genetic Psychology 110:233–241

Keller M (1985) Die Entwicklung des Freundschaftsverständnisses. In: Montada L (Hrsg) Bericht über die 7. Tagung Entwicklungspsychologie. Universität Trier

Keller M, Wood P (1989) Development of friendship reasoning:A study of interindividual differences in intraindividual change. Developmental Psychology 25:820–826

Kleck RE, DeJong W (1983) Physical disability, physical attractiveness, and social outcomes in children's small groups. Rehabilitation Psychology 28:79–91

Koch HL (1957) The relation in young children between characteristics of their playmates and certain attributes of their siblings. Child Development 28:175–202

Kon IS (1979) Freundschaft. Rowohlt, Reinbek

Krantz M, George S, Hursh K (1983) Gaze and mutual gaze of preschool children in conversation. Journal of Psychology 113:9–15

Krappmann L, Oswald H (1990) Sozialisation in Familie und Gleichaltrigenwelt. Zur Sozialökologie der Entwicklung in der mittleren Kindheit. Zeitschrift für Sozialisationsforschung und Erziehungssoziologie 10:147–162

Kurdek L, Krile D (1982) A developmental analysis of the relation between peer acceptance and both interpersonal understanding and perceived self-competence. Child Development 53:1485–1491

Kurth SB (1970) Friendship and friendly relations. In. McCall GJ, McCall MM, Denzin NK, Suttles GD, Kurth SB (eds) Social relationships. Aldine, Chicago Ill

Ladd G (1983) Social networks of popular, average, and rejected children in school settings. Merrill-Palmer Quarterly 29:283–307

Ladd GW, Emerson ES (1984) Shared knowledge in children's friendships. Developmental Psychology 20:932–94

Ladd GW, Golter BS (1988) Parents' management of preschoolers' peer relations:Is it related to children's social competence? Developmental Psychology 24:109–117

LaFreniere P, Charlesworth WR (1983) Dominance, attention, and affiliation in a preschool group:A nine-month longitudinal study. Ethology and Sociobiology 4:55–67

LaFreniere P, Strayer FF, Gauthier R (1984) The emergence of same-sex affiliative preferences among preschool peers:a developmental/ethological perspective. Child Development 55:1958–1965
Langlois J, Downs AC (1979) Peer relations as a function of physical attractiveness:The eye of the beholder or behavioral reality? Child Development 50:409–418
Langlois JH, Stephan C (1977) The effects of physical attractiveness and ethnicity on children's behavioral attributions and peer preferences. Child Development 48:1694–1698
Laosa LM, Brophy JE (1972) Effects of sex and birth order on sex-role development and intelligence among kindergarten children. Developmental Psychology 6:409–415
Lederberg AR, Rosenblatt V, Vandell DL, Chapin SL (1987) Temporary and long-term friendships in hearing and deaf preschoolers. Merrill-Palmer Quarterly 33:515–533
Lever J (1976) Sex differences in the games children play. Social Problems 23:479–487
Levinger G, Levinger AC (1986) The temporal course of close relationships:Some thoughts about the development of children's ties. In: Hartup WW, Rubin Z (eds) Relationships and development. Erlbaum, Hillsdale NJ
Lewis M, Rosenblum LA (1975) Introduction. In: Lewis M, Rosenblum LA (eds) Friendship and peer relations. Wiley, New York
Lewis M, Young C, Brooks J, Michalson L (1975) The beginning of friendship. In: Lewis M, Rosenblum LA (eds) Friendship and peer relations. Wiley, New York
Lichtenberger W (1965) Mitmenschliches Verhalten eines Zwillingspaares in seinen ersten Lebensjahren. Reinhardt, München
Lieberman A (1977) Preschoolers' competence with a peer:Relation with attachment and peer experience. Child Development 48 :1490–1497
Livesley WJ, Bromley DB (1973) Person perception in childhood and adolescence. Wiley, London
Maas HS (1968) Preadolescent peer relations and adult intimacy. Psychiatry 31:161–172
Maccoby EE, Jacklin CN (1974) The psychology of sex differences. Stanford Univ. Press, Stanford, Cal.
MacDonald K, Parke RD (1984) Bridging the gap:Parent-child play interaction and peer interactive competence. Child Development 55:1265–1277
Mannarino AP (1976) Friendship patterns and altruistic behavior in preadolescent males. Developmental Psychology 12:555–556

Mannarino AP (1978) Friendship patterns and self-concept development in preadolescent males. Journal of Genetic Psychology 133:105–110

Mannarino AP (1979) The relationship between friendship and altruism in pre-adolescent girls. Psychiatry 42:280–284

Matsumoto D, Haan N, Yabrove G, Theodorion P, Carney CC (1986) Preschoolers' moral actions and emotions in prisoner's dilemma. Developmental Psychology 22:663–70

Maudry M, Nekula, M (1939) Social relations between children of the same age during the first two years of life. Journal of Genetic Psychology 54:193–215

McAdams DP, Losoff M (1984) Friendship motivation in fourth and sixth graders:A thematic analysis. Journal of Social and Personal Relationships 1:11–27

McCandless BR, Hoyt JM (1961) Sex, ethnicity, and play preferences of preschool children. Journal of Abnormal and Social Psychology 62:683–685

McCandless BR, Marshall HR (1957) A picture sociometric technique for preschool children and its relation to teacher judgments of friendships. Child Development 28:139–148

McGrew PL, McGrew WC (1972) Changes in children's spacing behavior with nursery school experience. Human Development 15:359–372

McGrew WC (1972a) Aspects of social development in nursery school children, with emphasis on introduction to the group. In: Blurton Jones N (ed). Ethological studies of child behavior. Cambridge University Press, London

McGrew WC (1972b) An ethological study of children's behavior. Academic Press, New York

McGuire KD, Weisz JR (1982) Social cognition and behavior correlates of preadolescent chumship. Child Development 53:1478–1484

Meisels M, Guardo CJ (1969) Development of personal space schemata. Child Development 40:1167–78

Morgan R, Sawyer J (1967) Bargaining, expectations, and the preference for equality over equity. Journal of Personaliy and Social Psychology 6:139–149

Mueller E, Brenner J (1977) The origins of social skills and interactions among playgroup toddlers. Child Development 48:854–861

Murray K, Webb S, Andrews D (1983) The relationship between child and parental social competence. Paper presented at the biennial meeting of the Society in Child Development, Detroit

Nelson J, Aboud FE (1985) The resolution of social conflict between friends. Child Develpment 56:1009–1017

Neugarten BL (1946) Social class and friendship among school children. American Journal of Sociology 51:305–313

Newcomb AF, Meister JC (1985) The initial social encounters of high and low social effectiveness school-aged children. Journal of Abnormal Child Psychology 13:45–58

Newson J, Newson E (1978; zuerst 1976). Seven year olds in the home environment. Penguin, Harmondsworth

O'Donnell L, Stueve CA (1983) Mothers as social agents:Structuring the community activities of school-age children. In: Lopata H, Pleck JH (eds) Research in the interweave of social roles, Vol 3. Families and jobs. JAI Press, Greenwich CT

O'Neill M, Fein D, Vellit KM, Frank D (1976) Sex differences in preadolescent self-disclosure. Sex Roles 2:85–88

Oswald H, Krappmann L (1984) Konstanz und Veränderung in den sozialen Beziehungen von Schulkindern. Zeitschrift für Sozialisationsforschung und Erziehungssoziologie 4:271–286

Parke RD, Bhavnagri NP (1989) Parents as managers of children's peer relationships. In: Belle D (ed) Children's social networks and social supports. (S. 241–259). Wiley, New York

Parten MB (1932) Social participation among preschool children. Journal of Abnormal Psychology 27:243–269

Pellegrini DS (1986) Variability in children's level of reasoning about friendship. Journal of Applied Developmental Psychology 7:341–354

Phillips EL, Shenker S, Ravitz P (1951) The assimilation of the new child into the group. Psychiatry 14:319–325

Phinney JS (1979) Social interaction in young children: Initiation of peer contact. Psychological Reports 45:489–490

Phinney JS, Rotherarm MJ (1982) Sex differences in social overtures between same-sex and cross-sex preschool pairs. Child Study Journal 12:259–69

Potashin R (1946) A sociometric study od children's friendships. Sociometry 9:48–70

Putallaz M, Gottman JM (1981a) Social skills and group acceptance. In: Asher SR, Gottman JM (eds) The development of children's friendships. Cambridge University Press, Cambridge

Putallaz M, Gottman JM (1981b) An interaction model of children's entry into peer groups. Child Development 52:986–994

Putallaz M, Heflin AH (1986) Toward a model of peer acceptance. In: Gottman JM, Parker JG (eds) Conversations of friends. Speculations on affective development, pp. 292–314. Cambridge University Press, Cambridge

Rauh H (1987) Frühe Kindheit In: Oerter R, Montada L(Hrsg) Entwicklungspsychologie, 2. Aufl. Psychologie Verlags Union, München Weinheim, S. 131–203.

Reininger K (1924) Über soziale Verhaltungsweisen in der Vorpubertät (Wiener Arbeiten zur Pädagogischen Psychologie, H 2). Deutscher Verlag für Jugend und Volk, Wien

Reininger K (1929) Das soziale Verhalten von Schulneulingen. Wiener Lehrergruppenarbeit. Nach dreißig Beobachtungsberichten von Lehrern bearb. von K Reininger. Deutscher Verlag für Jugend und Volk, Wien Leipzig

Reisman JM (1979) Anatomy of friendship. Irvington, New York

Rombach J (1928) Das soziale Verhalten der Siebenjährigen. Zeitschrift für angewandte Psychologie 30:369–429

Roopnarine JL (1984) Becoming acquainted in the nursery class room. In: Field T, Roopnarine JL, Segal M (eds) Friendships in normal and handicapped children. Ablex, Norwood, NJ

Roopnarine JL, Field TM (1984) Play interactions of friends and acquaintances in nursery school. In: Field T, Roopnarine JL, Segal M (eds) Friendships in normal and handicapped children. Ablex, Norwood NJ

Roopnarine JL, Johnson JE (1984) Socialization in a mixed-age experimental program. Developmental Psychology 20:828–832

Rotenberg KJ, Sliz D.(1988) Children's restrictive disclosure to friends. Merrill-Palmer Quarterly 34:303–215

Rubin Z, Sloman J (1984) How parents influence their children's friendships. In: Lewis M (ed) Beyond the dyad. Plenum, New York

Salisch M v (1991) Kinderfreundschaften. Emotionale Kommunikation im Konflikt. Hogrefe, Göttingen

Sancilio MFM, Plumert JM, Hartup WW (1989) Friendship and aggressiveness as determinants of conflict outcomes in middle childhood. Developmental Psychology 25:812–819

Sants HKA (1986) The relation between patterns of friendship, self-concept, and conceptions of friendship in six-year-olds. In: Gilmour R, Duck S (eds) The emerging field of personal relationships, pp. 161–172. Erlbaum, Hillsdale NJ

Scarlett HH, Press AN, Crockett WH (1971) Children's descriptions of peers:A Wernerian developmental analysis. Child Development 42:439–453

Schaar B (1937) Das soziale Verhalten des Vollkindes zu Eltern, Kameraden und Lehrer. Beihefte zur Zeitschrift für angewandte Psychologie und Charakterkunde 78:11–44

Schaller J (1973) Children's attitudes to newcomers. Göteborg Psychological Reports 3(3):1–6

Scherm AG (1976) Freundschaft als pädagogisches Problem. Dissertation Regensburg

Schiavo RS, Solomon SK (1981) The effect of summer contact on preschoolers' friendships with classmates. Unpubl. manuscript, Wellesley College

Schiavo RS, Solomon SK, Evers C, Cohen W (1981) Maintenance of friendships among preschoolers. Unpubl. manuscript, Wellesley College

Schindler PJ, Moeley BZ, Frank AL (1987) Time in day care and social participation of young children. Developmental Psychology 23:255–61

Schirber K (1937) Das Verhalten des Mädchens der Vorpubertät zu der Familie zu den Kameraden und Lehrern. Beihefte zur Zeitschrift für angewandte Psychologie und Charakterkunde 78:79–119

Schmidt-Denter U (1984) Die soziale Umwelt des Kindes. Eine ökopsychologische Analyse. Springer, Berlin, Heidelberg, New York

Schmidt-Denter U (1985a) Kontaktinitiativen von Vorschulkindern und ihre soziale Bedeutung. In: Nickel H (Hrsg) Sozialisation im Vorschulalter. edition psychologie, VCH, Weinheim

Schmidt-Denter U (1985b) Kurz- und langfristige Anpassungsprozesse in vorschulischen Erziehungseinrichtungen und ihre Konsequenzen für die erzieherische Praxis. In: Nickel H (Hrsg) Sozialisation im Vorschulalter. edition psychologie, VCH, Weinheim

Schwarz JC (1972) Effects of peer familiarity on the behavior of preschoolers in a novel situation. Journal of Personality and Social Psychology 24:276–284

Seagoe M (1933) Factors influencing the selection of associates. Journal of Educational Research 27:32–40

Selman RL (1984) Die Entwicklung des sozialen Verstehens. Entwicklungspsychologische und klinische Untersuchungen. Suhrkamp, Frankfurt/M

Selman R, Lavin DR, Brion-Meisels S (1982) Entwicklung der Fähigkeit zur Selbstreflexion bei Kindern:Forschungen zum reflexiven Verstehen und die Untersuchung praktischer Verständnisleistungen verhaltensgestörter Kinder. In: Edelstein W, Keller M (Hrsg) Perspektivität und Interpretation. Suhrkamp, Frankfurt/M

Selman R, Schorin MZ, Stone CR, Phelps E (1983) A naturalistic study of children's social understanding. Developmental Psychology 19:82–102

Shapiro BZ (1967) Dissolution of ties in group of children. Dissertation Abstracts 27(10–11):3517–8

Sharabany R, Gershoni R, Hofman JE (1981) Girlfriend, boyfriend:Age and sex differences in intimate friendships. Developmental Psychology 17:800–808

Sharabany R, Herz-Lazarowitz R (1981) Do friends share and communicate more than non-friends? International Journal of Behavioral Development 4:45–59

Singleton LC, Asher SR (1979) Racial integration and children's peer preferences:An investigation of development and cohort differences. Child Development 50:936–941

Smith PK, Conolly KJ (1981) The ecology of preschool behavior. Cambridge University Press, Cambridge

Stanjek K (1978) Das Überreichen von Gaben:Funktion und Entwicklung in den ersten Lebensjahren. Zeitschrift für Enrwicklungspsychologie und Pädagogische Psychologie 10:103–113

Stendler C (1947) Children of Brasstown. A study of their awareness of the symbols of social class. Bureau of Research and Service, Univ. of Ill, Urbana, Ill

Strätz R, EAF Schmidt, u Mitarb v Hospelt W (1982) Die Wahrnehmung sozialer Beziehungen von Kindergartenkindern. Kohlhammer, Köln

Strickland D (1981) Friendship patterns and altruistic behavior in preadolescent males and females. Nursing Research 30:222, 228, 235

Tenbruck F (1964) Freundschaft. Ein Beitrag zu einer Soziologie der persönlichen Beziehungen. Kölner Zeitschrift für Soziologie und Sozialpsychologie 16:431–456

Thorne B (1986) Girls and boys together ... but mostly apart: Gender arrangements in elementary schools. In: Hartup WW, Rubin Z (eds) Relationships and development. Erlbaum, Hillsdale NJ, pp.167–184

Tuma N, Hallinan MT (1979) The effects of sex, race and achievement in school children's friendships. Social Forces 57:1265–1285

Vandell DL, Mueller EC (1980) Peer play and friendships during the first two years. In: Foot HC, Chapman AJ, Smith JR (eds) Friendship and social relations in children. Wiley, New York

Vincze M (1971) The social contacts of infants and young children reared together. Early Child Development and Care 1:99–109

Wagner JWL (1990) Zur Bedeutung schulorganisatorischer Merkmale für Schülerfreundschaften – Ein Literaturüberblick. Empirische Pädagogik 4:241–261

Wagner JWL (1991) Freundschaften und Freundschaftsverständnis bei drei- bis zwölfjährigen Kindern. Sozial- und ent-

wicklungspsychologische Aspekte. Springer, Berlin Heidelberg New York
Waldrop MF, Halverson CF (1975) Intensive and extensive peer behavior:Longitudinal and cross-sectional analyses. Child Development 46:19–26
Washburn RW (1932) A scheme for grading the reactions of children in a new social situation. Journal of Genetic Psychology 40:84–99
Waters E, Wippman J, Sroufe LA (1979) Attachment, positive affect, and competence in the peer group:Two studies in construct validation. Child Development 50:821–829
Werebe MJG, Baudonnière PM (1988) Frienship among preschool children. International Journal of Behavioral Development 11:291–304
Werebe MG, Baudonnière PM (1991) Social pretend play among friends and familiar preschoolers. International Journal of Behavioral Development 14:411–428
Wislitzky S (1928) Beobachtungen über das soziale Verhalten im Kindergarten. Zeitschrift für Psychologie 107:179–188
Youniss J (1980) Parents and peers in social development. University of Chicago Press, Chicago
Youniss J (1982) Die Entwicklung und Funktion von Freundschaftsbeziehungen. In: Edelstein W, Keller M (Hrsg) Perspektivität und Interpretation. Beiträge zur Entwicklung des sozialen Verstehens. Suhrkamp, Frankfurt/M
Zakin DF (1983) Physical attractivess, sociability, athletic ability, and children's preference for their peers. Journal of Psychology 115:117–122
Ziller RC, Behringer RD (1961) A longitudinal study of the assimilation of the new child in the group. Human Relations 14:121–133
Zillig M (1939) Schulfreundinnen. Ein Beitrag zur Psychologie des Gemeinschaftslebens elf- bis zwölfjähriger Volksschülerinnen. Zeitschrift für Psychologie 145:236–252, 281–357